世界の言語シリーズ **15**

ペルシア語

竹原 新
ベヘナム・ジャヘドザデ

大阪大学出版会

はじめに

　本書はイランの公用語であるペルシア語の初級学習者を対象とした教科書です。まずは、本書を手にとってくださった皆様にお礼を申し上げます。

　この教科書の特徴は、日本の大学のペルシア語初級の授業に必要かつ十分な学習内容を厳選して編集したことにあります。具体的には、大阪大学外国語学部外国語学科ペルシア語専攻の１年生のペルシア語の授業における学習内容を取りまとめたものとなっています。このため、必ずしも、ペルシア語の文法や単語を網羅した内容とはなっておらず、本教科書の内容を習得した後、さらに学習者が次の段階にステップアップすることを前提としています。第２外国語のペルシア語学習用途としては、本教科書の学習内容は多すぎるかもしれません。しかし、本腰を入れてペルシア語の初級を学習しようと試みる方にとっては、最適な分量であると考えます。私たちは、初学者が１年間かけて学習することを想定してこの教科書を編集しました。ペルシア語はアラビア文字を使用するため、文字の修得が最初のハードルとなるでしょう。しかし、文法は決して複雑ではなく、文章は日本語と語順が似ていることもあり、日本語母語話者にとっては比較的簡単に学習を進めることができるでしょう。その反面、覚えるべき単語の量が多く、一度に進めようとすると、学習を続けることが苦しくなるでしょう。このため、この教科書を１年かけて復習しつつ、ゆっくり読み進めることが大切です。また、この教科書は大学等の授業で使用することが想定されています。適切な指導を受ける体制のもとで学習することにより、この教科書は最大限の学習効果を発揮することでしょう。

本書の構成と使用方法

　本書の主要部分は24課から構成されています。例えば、大阪大学外国語学部では、語学の通年の授業は合計30回ですが、オリエンテーション、試験、試験の解説等、教科書を使わない授業もありますので、現実的な数字としました。

各課は、原則として、講読、単語・表現、要点、文法、練習問題、基礎単語から構成されています。また、ペルシア語部分の音声を録音したCDを付けましたので活用してください。

　学習進度は、1週間で1課分が適切です。まず、各課冒頭のペルシア語による講読文を、単語・表現や要点を参照しながら読んでみてください。新たに学習が必要な文法の解説がありますので、理解した上で、もう一度講読文を読むと、より理解できることでしょう。付属のCDと同じスピードで読めるまで、読み方や発音の練習をしてください。ペルシア語の講読の部分については、受講生が自身の力で日本語訳した上で授業に臨み、授業中に教員が口頭で解説することが想定されています。

　練習問題は、文法事項が理解できているかどうかを確認することに加え、ペルシア語作文の能力を身につけることを主な目的としています。このため、多くの練習問題では、決まった1つの解答がある問題とはなっていません。学生が事前に作成した解答について教員が正誤を判断し、個別に解答を修正しつつ指導することを想定しています。

　初級レベルに必要な基礎単語は各課末に付いていますので、並行して覚えてください。繰り返しになりますが、1週間に1課分が適切な学習進度であることに留意しつつ、復習してください。授業でこの教科書を使用する場合は、必ず予習をして各課の内容を理解した上で授業に臨んでください。

　各課の講読の内容は、日本人とイラン人の交流、イラン文化理解などをテーマとしており、学習を進めるにつれイラン人の気質やイラン文化を自然と理解できるよう工夫しました。文法の学習順序は、徐々に複雑な文章を理解あるいは作成できるように配慮しました。1冊で、文法や単語だけでなく、イランに関する基礎知識が効率的に学べるようになっています。各所にコラムが挿まれていますが、これまでのイラン紹介本にはない視点によるアプローチとすることを心がけました。

　ペルシア語は、いわゆる文語と口語で表現や発音が少なからず異なります。本教科書では、基本的に文語のペルシア語を使用しており、会話文においてもこの原則は守られているため、実際の口語に比べ、文語的に感じるものとなっています。ペルシア語学習者にとっては、口語と文語のどちらも習得が必要なのですが、口語を学習してから文語を学習するより、文語を学習してから口語

を学習するほうが、総合的に効率的ですので、本教科書では文語が基準となっています。

　各執筆者は、数年間に渡り、何度も編集会議を開き、巻末に掲載しました参考文献リストの文献を参考にしつつ、工夫と改良を重ねてきました。既刊のペルシア語教科書や文法書はいずれも完成度が高いため、これらと同じ方向性で編集するのではなく、実際の授業での使用に刊行の目的と意義を特化しました。

　執筆分担箇所については、講読などペルシア語の部分はジャヘドザデが中心となり作成し、単語・表現、要点、文法、練習問題、基礎単語などの日本語による解説部分は竹原が中心となり作成しました。なお、ジャヘドザデがペルシア語文例または文法説明の草案を作成し、竹原がチェックした箇所が一部にあります。ペルシア語の単語や文例を含めペルシア語の部分はジャヘドザデが、日本語訳を含め日本語の部分は竹原がチェックしました。各コラムには、執筆者名を明記してあります。最終的には、ペルシア語箇所、日本語箇所にかかわらず、両執筆者が相互に補筆修正を行って仕上げました。なお、付属するCDは、ジャヘドザデの声を録音したものです。

　編集の過程で、大阪大学大学院言語文化研究科教授の藤元優子先生と特任准教授（常勤）のハサン・レザーイーバーグビーディー先生には多くのアドバイスをいただき、執筆者2名だけでは意見がまとまらなかった場合などには適切なご指導をいただきました。また、草稿段階の原稿を大阪大学外国語学部外国語学科ペルシア語専攻の実際の授業で使用し、問題点を拾い上げる作業も行いました。学生の皆様に指摘を受けたことにより改良された点も少なくありません。本教科書は学生の皆様の協力を得て、出来上がったものと言えます。CD作成に際しては、大阪大学外国語学部非常勤講師の並川嘉文先生にお世話になりました。最後になりましたが、大阪大学出版会編集部の川上展代様には編集や校正に際し、多大なるご助力を賜りました。この他、多くの皆様にお世話になりました。本教科書執筆にあたり、お世話になった全ての皆様に感謝の意を表します。

　2020年2月

竹原　新

音声を聞くには

の付いた箇所は音声を聞くことができます。

① ウェブブラウザ上で聞く

音声再生用 URL

http://el.minoh.osaka-u.ac.jp/books/SekainogengoShiriizu15_Perushiago/

② ダウンロードして聞く

ウェブブラウザ上以外で音声ファイルを再生したい場合は、
下記の URL から音声ファイルをダウンロードしてください。

ダウンロード用 URL

http://el.minoh.osaka-u.ac.jp/books/SekainogengoShiriizu15_Perushiago/p6fkxbpfs558j3z7/

目 次

コラム

世界の言語シリーズ　15

ペルシア語

文字と発音

第1課では、ペルシア語の文字とその発音について学習した後、文字の書き方の基本について学びます。

1.1 ペルシア語のアルファベット

ペルシア語のアルファベットは32文字あります。アラビア文字の28文字に、別途、4文字（ﭖ ﭺ ﮊ ﮒ）が加えられた表音文字です。文字は右から左へ書き、単語の語頭、語中、語尾で形が変わります。

ペルシア語のアルファベット

語尾	語中	語頭	音素と音声	名称	単独形
ﺎ	ﺎ	ا	/a/[æ], /e/[e], /o/[o]	alef	ا
ﺐ	ﺒ	ﺑ	/b/[b]	be	ﺏ
ﭗ	ﭙ	ﭘ	/p/[p]	pe	ﭖ
ﺖ	ﺘ	ﺗ	/t/[t]	te	ﺕ
ﺚ	ﺜ	ﺛ	/s/[s]	se	ﺙ
ﺞ	ﺠ	ﺟ	/j/[dʒ]	jīm	ﺝ
ﭻ	ﭽ	ﭼ	/ch(č)/[tʃ]	che	ﭺ
ﺢ	ﺤ	ﺣ	/h/[h]	he	ﺡ
ﺦ	ﺨ	ﺧ	/kh(x)/[x]	khe	ﺥ
ﺪ	ﺪ	ﺩ	/d/[d]	dāl	ﺩ
ﺬ	ﺬ	ﺫ	/z/[z]	zāl	ﺫ
ﺮ	ﺮ	ﺭ	/r/[r]	re	ﺭ
ﺰ	ﺰ	ﺯ	/z/[z]	ze	ﺯ

ـژ	ـژـ	ژ	/zh(ž)/[ʒ]	zhe	ژ
ـس	ـسـ	س	/s/[s]	sīn	س
ـش	ـشـ	ش	/sh(š)/[ʃ]	shīn	ش
ـص	ـصـ	ص	/s/[s]	sād	ص
ـض	ـضـ	ض	/z/[z]	zād	ض
ـط	ـطـ	ط	/t/[t]	tā	ط
ـظ	ـظـ	ظ	/z/[z]	zā	ظ
ـع	ـعـ	عـ	/ʼ/[ʔ]	ein	ع
ـغ	ـغـ	غ	/gh(q)/[ɣ]	ghein	غ
ـف	ـفـ	ف	/f/[f]	fe	ف
ـق	ـقـ	ق	/q(gh)/[ɣ]	qāf	ق
ـک	ـکـ	ک	/k/[k]	kāf	ک
ـگ	ـگـ	گ	/g/[g]	gāf	گ
ـل	ـلـ	ل	/l/[l]	lām	ل
ـم	ـمـ	مـ	/m/[m]	mīm	م
ـن	ـنـ	نـ	/n/[n]	nūn	ن
ـو	ـو	و	/v/[v], /ū/[u:], /ou/[ou], /o/[o]	vāv	و
ـه	ـهـ	هـ	/h/[h]([ʰ])	he	ه
ـی	ـیـ	یـ	/y/[j], /ī/[i:]	ye	ی

　音素表記はスラッシュ//で括り、できるだけ黒柳恒男『ポケット版現代ペルシア語辞典』（大学書林、1996年）に対応するように努めました。また、角括弧　[　　]　内は国際音声記号（IPA）です。この教科書では、特に説明がない限り、国際音声記号ではなく、音素により表記します。音素表記においては、便宜上、接頭辞や接尾辞は「－」（ハイフン）で繋いで表記します。

1.2 文字の書き方

文字の単独形、語頭形、語中形、語尾形のそれぞれの上下の位置に気をつけてください。

A. 単独形

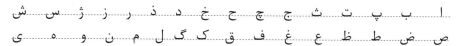

ا ب پ ت ث ج چ ح خ د ذ ر ز ژ س ش

ص ض ط ظ ع غ ف ق ک گ ل م ن و ه ی

B. 語頭形

ا بـ پـ تـ ثـ جـ چـ حـ خـ د ذ ر ز ژ سـ شـ

صـ ضـ طـ ظـ عـ غـ فـ قـ کـ گـ لـ مـ نـ و هـ یـ

C. 語中形

ـا ـبـ ـپـ ـتـ ـثـ ـجـ ـچـ ـحـ ـخـ ـد ـذ ـر ـز ـژ ـسـ ـشـ

ـصـ ـضـ ـطـ ـظـ ـعـ ـغـ ـفـ ـقـ ـکـ ـگـ ـلـ ـمـ ـنـ ـو ـهـ ـیـ

D. 語尾形

ـا ـب ـپ ـت ـث ـج ـچ ـح ـخ ـد ـذ ـر ـز ـژ ـس ـش

ـص ـض ـط ـظ ـع ـغ ـف ـق ـک ـگ ـل ـم ـن ـو ـه ـی

E. 注意

①点は線の後から書きます。

② ت のように点が2つある場合、点は左、右の順に書きます。

③ ث のように点が上に3つある場合、点は左、右、上の順に書きます。

④ پ のように点が下に3つある場合、点は左、右、下の順に書きます。

⑤ ط のように縦棒がある場合は、縦棒は後から書きます。

⑥ 上 のように縦棒と点がある場合は、縦棒、点の順に後から書きます。

⑦ ک の上部の斜め線は後から書きます。ڱの２本の斜め線は、下、上の順に書きます。

⑧ ؏の丸の部分は、単独形、語頭形、語中形、語尾形のいずれにおいても常に反時計回りに書きます。（印刷用フォントによってはそのように見えない場合もあります。）

② 単語の読み方と書き方

....

この課では、単語のアクセント、発音と発音記号、注意すべき読み方と書き方などについて学びます。

CD 2

(2.1) アクセント

ペルシア語のアクセントは音の強弱（ストレス）ですが、高低（ピッチ、トーン）においても影響を受けます。原則として、単語のアクセントは最後の音節にあります。

پدر /pedár/ 父
ابر /ábr/ 雲

(2.2) 発音と発音記号

A. 長母音と長母音記号

長母音は/ā/[ɒ:]、/ī/[i:]、/ū/[u:]の3種類です。

① ا (alef)が語中または語尾にある場合は長母音となります。

مادر /mādár/ 母
برادر /barādár/ 兄（弟）
پا /pā/ 足
باد /bād/ 風

②ا (alef)が語頭にあり、آ のように長母音記号のマッデがついている場合、長母音となります。

آب　/āb/　水

③語頭にا (alef)に続いてی(ye)がある場合は。原則として、/ī/と読みます。

ايران　/īrān/　イラン

④子音の後にی(ye)がある場合は、子音に長母音/ī/が繋がります。

فارسی　/fārsī/　ペルシア語

فيلم　/fīlm/　映画、映画館

⑤語頭にا(alef)とو(vāv)がある場合は、原則として、/ū/と読みます。(/o/、/ou/などと読むこともあります。)

او　/ū/　彼（彼女）

⑥子音の後にو(vāv)がある場合は、原則として、子音に長母音/ū/が繋がります。(/o/、/ou/などに繋がることもあります。)

پول　/pūl/　お金

مو　/mū/　髪

B. 短母音と短母音記号

　短母音は、原則として、/a/[æ]、/e/[e]、/o/[o]の３種類です。通常、母音は表記されませんので、単語の綴りからだけでは母音を特定することはできません。単語の読み方をあらかじめ知っている必要があります。ただし、子音を表す文字にa、e、oを表す発音記号が補足的に付けられていることがあります。

① ́ (fathe)　子音に短母音のaがつきます。

دَر　/dar/　ドア、門

② ̦ (kasre)　子音に短母音のeがつきます。

کِتاب　/ketāb/　本

③ ◌ُ (zamme)　子音に短母音のoがつきます。

    گُل　/gol/　花

C. 無母音記号

◌ْ (sokūn)　子音に母音がつきません。

    دَسْت　/dast/　手

2.3　子音と子音記号

A. 注意が必要な子音

  子音のうち、英語の学習経験のある日本語母語話者であっても、特に馴染みが少ない子音は、/'/[ʔ]、/kh/[x]、/gh/[ɣ]（または/q/[ɣ]）の3種類でしょう。

① /'/[ʔ]は声門破裂音です。語中の母音に続く場合は、直前で少し区切ってください。語頭や語末では母音とほとんど区別がつきません。

    ضعیف　/za'īf/　弱い
    عکس　/'aks/　写真

②kh[x]は無声軟口蓋摩擦音です。

    خوشحال　/khoshhāl/　うれしい

③/gh/[ɣ] または/q/[ɣ]は有声軟口蓋摩擦音です。文字はغまたはقです。同じ音ですが、本書では便宜上、غは/gh/、قは/q/で使い分けます。

    باغ　/bāgh/　庭
    قوی　/qavī/　強い

B. 子音重複記号

◌ّ (tashdīd)　子音が重複しています。

    اَمّا　/ammā/　しかし（例外的に前の音節にアクセントがあります。）

C. /k/と/g/の発音について（硬口蓋化）

①/ka/と/ga/の発音は、[kʲæ]（キャ）と[gʲæ]（ギャ）になります。一方、長母音がつく/kā/と/gā/の発音は[kɒ:]（カー）と[gɒ:]（ガー）になります。

کباب　/kabāb/　焼肉

گَندم　/gandom/　小麦

کار　/kār/　仕事、用事

گاو　/gāv/　牛

②/k/と/g/が子音で終わっている場合、わずかに「ュ」の音が入り、母音がつかないものの、わずかに [kʲ]（キュ）と[gʲ]（ギュ）と聞こえます。

کمک /komak/　助け

سگ　/sag/　犬

2.4 文字の読み方

CD 4

A. و(vāv)の読み方

①語頭にوがある場合は/v/の発音になります。

وکیل　/vakīl/　弁護士、代議士

②子音の後のوは、原則として、/ū/と読みます。

پول　/pūl/　お金　（2.2のAの⑥で説明した通りです。）

③子音の後のوを/o/と読む場合があります。

خود　/khod/　自分

④子音の後のوを/ou/と読む場合があります。

دور　/dour/　回転

⑤ خوا と書いて、原則として、/khā/と読みます。

خواهر　/khāhar/　姉（妹）

⑥ خویـ と書いて、原則として、/khī/ と読みます。

خویشاوند　/khīshāvand/　親類

B. 語末の‌ه(he)

①子音を表す文字に‌ه(he)が付いて母音の/e/で終わる単語の場合、その‌ه(he)は黙音（サイレント）となることがあります。

خانه　/khāne/　家

②‌ه(he)が付いて終わる単語の場合、その‌ه(he)は有気音（帯気音）となることがあります。

ده　/deh/　村

کوه　/kūh/　山

C. ハムゼ

ء(hamze)声門破裂音であることを示します。

① أ ハムゼをalefの上に書く場合

جرأت　/jor'at/　勇気

② ؤ ハムゼをvāvの上に書く場合

سؤال　/so'āl/　質問

③ ئ ハムゼを下の点がないyeの上に書く場合

رئیس　/ra'īs/　長、社長

ئ の代わりに ـئ と書く場合もあります。

④ ء ハムゼを単独で書く場合

جزء　/joz'/　一部、部分

練 習 問 題

　長母音と短母音の区別、子音の区別は重要です。次の単語を正確に発音して、その違いを学びましょう。

1．長母音の/ā/と短母音の/a/
باد　/bād/　風
بَد　/bad/　悪い

2．ر と ل
بار　/bār/　回
بال　/bāl/　翼

3．ح と خ
حال　/hāl/　状況、機嫌
خال　/khāl/　ほくろ

4．س と ش
سیر　/sīr/　ニンニク
شیر　/shīr/　ミルク

5．ب と و
بلی　/balī/　はい、そのとおり（例外的に前の音節にアクセントがあります。）
ولی　/valī/　しかし（例外的に前の音節にアクセントがあります。）

［基礎単語］ 挨拶、身近なもの、人、場所

مداد /medād/ 鉛筆

قَلَم /qalam/ ペン

کاغذ /kāghaz/ 紙

میز /mīz/ 机

نامه /nāme/ 手紙、書状

کیف /kīf/ かばん

دانشگاه /dāneshgāh/ 大学

کتابخانه /ketābkhāne/ 図書館

دانشجو /dāneshjū/ 大学生

خانواده /khānevāde/ 家族

دوست /dūst/ 友人

معلم /mo'allem/ 教師

بازار /bāzār/ 市場

شهر /shahr/ 町

راه /rāh/ 道

ماشین /māshīn/ 自動車

مَرد /mard/ 男

خانُم /khānom/ 女

آقای ... /āghā-ye/ 〜さん(男性)

خانُم ... /khānom-e/ 〜さん(女性)

جا /jā/ 場所、席

اینجا /īnjā/ ここ

آنجا /ānjā/ そこ、あそこ

سَلام /salām/ こんにちは

خُداحافظ /khodāhāfez/ さようなら

مُتَشَکِّرَم /motashakkeram/ ありがとう

（通常の会話では口語の /moteshakkeram/
が一般的です。）

能動的な学習の重要性について

Jahedzadeh

　一切、間違うことなく外国語の学習を進めることはできません。言語を学習することはある意味で赤ちゃんが歩けるようになることに似ています。赤ちゃんが歩けるようになるまでには、何度も倒れたり、転んだりして、最終的に体のバランスを保つことができるようになるのです。転ばないで歩けるようになった赤ちゃんはいないのと同様に、間違うことなく、言語を学習する人もいません。歩くことであれ、言語習得であれ、我々人間が様々な能力やスキルを上達させる際に、その知識を無意識に身に着けるのと意識して自らの技能にするという2つの方法があります。赤ちゃんが母語を獲得する際の知識は受動的で、特に意思や努力による獲得ではありません。語彙を母親や周囲の家族に教えてもらうことがあっても、言語を正しく操るのに最も重要である文法知識を誰にも教わりません。

　しかし、赤ちゃんの母語獲得と大人の外国語学習との間に大きな差があります。まず、大人は限られた時間と余裕を割いて、独学や学校などに通いながら第二言語を学習するのに対して、赤ちゃんは大人になるまでの莫大な時間を有し、四六時中、言語情報が提供される環境に恵まれています。それに、赤ちゃんは言語にさらされる時点で、既存の知識がないが第二言語を学習する大人にはすでに第一言語、つまり母語の知識が備わっています。したがって、第一言語と違って、第二言語の学習は無意識のうちに進まないのが特徴です。言い換えれば、第二言語は第一言語の音声、語彙、文法知識、文化的な背景などに縛られながら学習しなければならないのです。このように、意識して学習するプロセスはまさに能動的な学習そのものです。さらに、身に着けた知識をモニタリングして、自らの誤りを自己修正すれば、正しい知識が定着する可能性が高くなります。修正しない誤用がそのまま定着すれば、いわば化石化が起こり、後からはなかなか修正が利きません。

　学習者による誤用は、大きく分けて母語の影響によるものと、第二言語の構造によるものに分類されます。ステップアップするには、発音、会話、作文など、それぞれの場面で明らかになった誤用をそっちのけにするのではなく、常に、その理由を求めて一個一個修正していく自発的かつ能動的な姿勢がとても大切です。

3 文の種類と語順

講読

او کیست؟

آیا او مُعَلّم است؟

بله، او مُعَلّم است.

نه، او مُعَلّم نیست. او دانشجو است.

単語・表現

آیا /āyā/ （です）か（例外的に前の音節にアクセントがあります。）

بله /bale/ はい

نه /na/ いいえ

文法

　この課では、人称代名詞、指示代名詞、指示形容詞について学習した後、文の種類（肯定文、否定文、疑問文）について学習します。日本語の「〜です」に当たる動詞（コピュラ）の直説法3人称単数現在を用いて、ペルシア語文の基本的な語順を学びます。また、等位接続詞や複数語尾についても学習します。

3.1) 人称代名詞

	単数形	複数形
1人称	من /man/ 私	ما /mā/ 私たち
2人称	تو /to/ 君	شما /shomā/ あなた、あなた方、君たち
3人称	او /ū/ 彼、彼女、それ	آنها /ānhā/ 彼ら、彼女ら、それら

※「あなた」は「あなた方」と同じです。

3.2) 指示代名詞

این /īn/ これ
آن /ān/ あれ、それ

3.3) 指示形容詞

این کتاب /īn ketāb/ この本
آن کتاب /ān ketāb/ あの本、その本

3.4) 肯定文

（است (動詞بودنの直説法現在形3人称単数接尾辞形)を含む文章)

「主語＋補語＋است」の順番になります。
動詞には直説法と接続法があります。

A. 補語が名詞の場合

این کتاب است.　　/īn ketāb ast/
これは本です。

آن میز است.　　/ān mīz ast/
あれは机です。

او دانشجو است. (او دانشجوست.)　/ū dāneshjū ast/ (/ū dāneshjūst/)
彼（彼女）は大学生です。

این خانه است.　　/īn khāne ast/
これは家です。

※文章の最後にはピリオド「.」を書きます。
※補語が母音で終わっている場合、استのl(alef)が省略され、補語と綴りが連結されることがあります。

B. 補語が形容詞の場合

او جوان است.　/ū javān ast/
彼（彼女）は若いです。

مادر مهربان است.　/mādar mehrabān ast/
母はやさしいです。

آن خانه بزرگ است.　/ān khāne bozorg ast/
あの家は大きいです。

این میز کوچک است.　/īn mīz kūchek ast/
この机は小さいです。

3.5 否定文

این میز نیست.　/īn mīz nīst/

これは机ではありません。

آن خانه بزرگ نیست.　/ān khāne bozorg nīst/

あの家は大きくありません。

3.6 疑問文と疑問詞

A. 疑問文

آیا این ماشین است؟　/āyā īn māshīn ast/

これは自動車ですか。

بله، این ماشین است.　/bale, īn māshīn ast/

はい、これは自動車です。

نه، این ماشین نیست. این خانه است.　/na, īn māshīn nīst/ /īn khāne ast/

いいえ、これは自動車ではありません。これは家です。

※読点としてコンマ「,」を書きます。
※疑問文にはピリオドの代わりに「؟」記号を付けます。
※疑問文の語順は肯定文と同じです。発音する際は文末のピッチ（トーン）を上げます。

B. 疑問詞を伴う疑問文

① چه　/che/　何

これは何ですか。　این چه است؟　/īn che ast/ (این چیست؟　/īn chīst/)

これは何ですか。

②کی /kī/ 誰

او کی است؟ /ū kī ast/ (او کیست؟ /ū kīst/)

彼（彼女）は誰ですか。

③کدام /kodām/ どれ、どの

کدام کیف بزرگ است؟ /kodām kīf bozorg ast/

どのかばんが大きいですか。

④کجا /kojā/ どこ

اینجا کجا است؟ /īnjā kojā ast/ (اینجا کجاست؟ /īnjā kojāst/)

ここはどこですか？

⑤کِی /kei/ いつ

کِی پارتی است؟

パーティーはいつですか。

⑥چطور /chetour/ いかに、どのように

هوا چطور است؟

天気はどうですか。

⑦چرا /cherā/ なぜ　（例外的に前の音節にアクセントがあります。）

چرا او اینجا نیست؟ /cherā ū īnjā nīst/

なぜ彼（彼女）はここにいないのですか。

※疑問詞を伴う疑問文の場合は、文末の音の高低（ピッチ、トーン）は基本的には同じですが、上げることもあります。

3.7 等位接続詞

A. و/o/ または /va/ 「〜と」

並列の意味を表します。

چای و قهوه /chāi o qahve/ 紅茶とコーヒー

3つ以上の語を併記する場合は、コンマでつなぎ、最後だけ و にします。

قلم، مداد و کتاب /qalam, medād va ketāb/ ペン、鉛筆と本

B. یا /yā/ 「〜または」、「〜か」

خودکار یا مداد /khodkār yā medād/ ボールペンまたは鉛筆

3.8 複数語尾

A. ها（生物も無生物も複数にします）

ماشین‌ها /māshīn-hā/ （複数の）自動車
خانه‌ها /khāne-hā/ （複数の）家
مردها /mard-hā/ 男たち
زن‌ها /zan-hā/ 女たち

B. ان（原則として生物を複数にします）

درختان /derakhtān/ （複数の）木
پسران /pesarān/ 息子たち、少年たち
دختران /dokhtarān/ 娘たち、少女たち
مردان /mardān/ 男たち
زنان /zanān/ 女たち

① /ā/(ا)、/ī/(ی)、/ū/(و)で終わっている場合は、ی を入れて یان と表記し、/yān/ と発音します。

دانشجویان /dāneshjūyān/ 大学生たち

②e(ه)で終わっている場合は、 هの代わりにگを入れてگانと表記し、/gān/と発音することがあります。

پرندگان /parandegān/　鳥たち（「پرنده /parande/ 鳥」の複数)

[基礎単語]　主な形容詞

خوب /khūb/　良い	زیبا /zībā/　美しい
بزرگ /bozorg/　大きい	زشت /zesht/　醜い
کوچک /kūchek/　小さい	روشن /roushan/　明るい
مهربان /mehrabān/　優しい	تاریک /tārīk/　暗い
دراز /derāz/　長い	تمیز /tamīz/　清潔な
کوتاه /kūtāh/　短い	کثیف /kasīf/　汚い
سنگین /sangīn/　重い	جوان /javān/　若い
سبک /sabok/　軽い	پیر /pīr/　老いた
جدید /jadīd/　新しい	جالب /jāleb/　面白い
کهنه /kohne/　古い	قشنگ /qashang/　かわいい

コラム 2
なぜ خوا と書いて /khā/、 خوی と書いて /khī/ と読むのか？

Jahedzadeh

　ペルシア語には خوا と書いて/khā/、 خوی と書いて/khī/と読むことが少なからずあります。これらの綴りを含む語については書き方と読み方を暗記しておかなければなりません。例えば、 خواهر /khāhar/（姉妹）、 خواستن /khāstan/（ほしがる、求める）、 خواندن /khāndan/（読む、呼ぶ）、 خواب /khāb/（睡眠）、 خوار /khār/（惨め）、 خوان /khān/（段階、ステージ）や خویش /khīsh/（自分自身、親戚）などがあります。実は、これらの語の読み方が、中世ペルシア語で/khwā/や/khwī/であり、 و がwの音も表していたのです。しかし、現代ペルシア語で口を丸めて発音するwの音が消えてしまいました。このwの音は同じイラン語派のクルド語にもあります。

　そういえば、英語にも書いても読まない文字がたくさんあります。know、knifeではkが、walk、talkではlが、write、wrongではwの音が発音されません。むしろ、英語の方が発音しない文字がたくさん存在しています。文字を採用または改定してからあまり年月が経っていない言語ほどこの現象は少ないですが、どんな言語にも多少はあるものです。

　言語は常に変化しています。新しい語の誕生や、今まであった語に別の役割を果たしてもらうような変化であれば気づくこともありますが、音や文法に関する長いスパンで起きる変化には一般の人はほとんど気づきません。

　文字は歴史に忠実です。昔からの書き方をある日、突然変えるのはなかなかできません。現代ペルシア語の خوا や خوی は、ペルシア語が辿ってきた歴史をまざまざと表していると言えるのではないでしょうか。

4 エザーフェ

| 講読

كتابِ فارسی

این کتابِ فارسی است. این کتابِ تاکاشی است.

این کیف است. این کیفِ ساکورا است.

او ساکورا است. او دوستِ تاکاشی است. آنها دانشجویانِ زبانِ فارسی هستند. فارسی،
زبانِ کشورِ ایران، افغانستان و تاجیکستان است.

آقای ساعدی اُستادِ زبانِ فارسی است. این خانواده‌ی آقای ساعدی است. شهرام پسرِ
آقای ساعدی و باران دخترِ او است. ریحانه خانم، همسرِ آقای ساعدی است. خانه‌ی آنها در
تهران است.

単語・表現

زبان ／zabān／ 言語、舌

کشور ／keshvar／ 国

افغانستان ／afghānestān／ アフガニスタン（地名）

تاجیکستان ／tājīkestān／ タジキスタン（地名）

ساعدی ／sā'edī／ サーエディー（人名[姓]）

استاد ／ostād／ 教授、師匠

شهرام ／shahrām／ シャフラーム（人名[名]）

باران ／bārān／ 雨（ここでは人名[名]、バーラーン）

پسر ／pesar／ 息子、少年

دختر ‏ /dokhtar / 娘、少女

ریحانه ‏ /reyhāne/ （植物の）メボウキ（ここでは人名[名]、レイハーネ）

همسر ‏ /hamsar/ 配偶者

در... ‏ /dar/ 〜の中に（で）

تهران ‏ /tehrān/ テヘラン（地名）

▌要点

①女性の名前（名）を呼ぶ際、例えば、ریحانه خانم「レイハネさん」のように、
名前の後にخانمを付けるのが一般的で、خانم ریحانهとはほとんど言いません。
一方、男性の名前（名）を呼ぶ時、آقا شهرامのように、名前の前にآقاを付ける
のが一般的です。

②درは「〜の中に（で）」を意味する前置詞で、در تهران /dar tehrān/なら
「テヘランの中に（で）」という意味になります。（第8課で基本的な前置
詞について解説し、第11課ではさらに詳しく解説します。）

▌文法──エザーフェ

　エザーフェは、名詞、人称代名詞、形容詞が修飾語として別の名詞を修飾す
る際、修飾される名詞の語尾に強勢のない/e/を付加する文法規則のことです。
エザーフェにより、被修飾語となる名詞の性質や所有関係が表現されます。な
お、エザーフェ（اضافه）とは、「追加」、「増加」という意味です。

4.1 エザーフェの作り方

A. 名詞＋名詞の場合

ماشینِ پدر /māshīn-e pedar/ 父の車

B. 名詞＋人称代名詞の場合

کتابِ من /ketāb-e man/ 私の本

C. 名詞＋形容詞の場合

کتابِ بزرگ /ketāb-e bozorg/ 大きな本

D. 3語以上の場合

کتابِ بزرگِ من /ketāb-e bozorg-e man/ 私の大きな本

E. 注意

①エザーフェにはアクセントを置きません。

②被修飾語が/ā/(ا)、/ū/(و)、/o/(و)、/ou/(و)で終わっている場合、یを入れて /ye/と発音します。

پای من /pā-ye man/ 私の足

موی شما /mū-ye shomā/ あなたの髪

کادوی قشنگ /kādo-ye qashang/ かわいい贈り物

پیاده‌روی جدید /piyāderou-ye jadīd/ 新しい歩道

③被修飾語が/e/(ه)で終わっている場合、یを入れて/ye/と発音します。

بچهی من /bachche-ye man/ 私の子ども

　/e/で終わっている場合は、بچهی منの他、ه の上にハムゼと同じ形の記号を付けてبچۀ منと表記することもあります。また、新聞や雑誌などでは、بچه من のように、یもハムゼも書かない表記法もよく見られます。

24

④被修飾語がīで終わっている場合はیを重ねて表記しませんが、/ye/を付けて
発音します。

صندلیِ او   /sandalī-ye ū/   彼（彼女）の椅子

※上記の②～④のように、被修飾語の語尾が母音で終わっている場合にエザーフェの/e/に/y/
が付加されて/ye/となるのは、ペルシア語には母音の連続を好まないという特徴があるから
です。

※ عで終わる単語の場合、その単語単独では語末のعの声門破擦音はほとんど聞き取れません
が、エザーフェが付くと分かるようになります。

نوعِ جدید   /nou'-e jadīd/   新しい種類

※この教科書では、便宜上、音素表記におけるエザーフェを「‒」（ハイフン）で繋いで示し
ます。

練 習 問 題

---

1. これまでに学習した単語を使って、「私の○○の△△は□□です。」とい
う内容のاستを用いたペルシア語の文章を作文してください。

（例：私の町の市場は大きいです。/بازارِ شهرِ من بزرگ است.）

［基礎単語］　家族と親戚

برادرِ بزرگ /barādar-e bozorg/　兄

خواهرِ بزرگ /khāhar-e bozorg/　姉

برادرِ کوچک /barādar-e kūchek/　弟

خواهرِ کوچک /khāhar-e kūchek/　妹

شوهر /shouhar/　夫

زن /zan/　妻

پدربزرگ /pedarbozorg/　祖父

مادربزرگ /mādarbozorg/　祖母

نوه /nave/　孫

عمو /'amū/　父方のおじ

عمّه /'amme/　父方のおば

دائی /dā'ī/　母方のおじ

خاله /khāle/　母方のおば

پسرِ عمو /pesar 'amū/　従兄弟
（父方のおじの息子)

دخترِ عمو /dokhtar 'amū/　従姉妹
（父方のおじの娘)

پسرِ عمّه /pesar 'amme/　従兄弟
（父方のおばの息子)

دخترِ عمّه /dokhtar 'amme/　従姉妹
（父方のおばの娘)

پسرِ دائی /pesar dā'ī/　従兄弟
（母方のおじの息子)

دخترِ دائی /dokhtar dā'ī/　従姉妹
（母方のおじの娘)

پسرِ خاله /pesar khāle/　従兄弟
（母方のおばの息子)

دخترِ خاله /dokhtar khāle/　従姉妹
（母方のおばの娘)

※兄弟姉妹以外はエザーフェを付けません。

家族と親戚の関係図

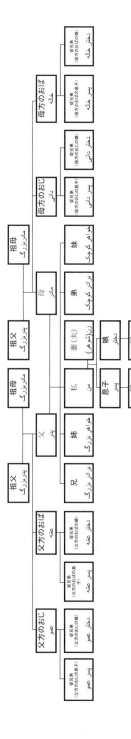

ペルシア語は難しい言語でしょうか

Jahedzadeh

　世界で一番難しい言語は何語かと時折話題になったりしますが、実は一言で答えられません。なぜならば、どの言語を母語にしているかによって答えも違ってくるからです。さまざまな統計が取られてきた英語話者にとって一番難しい言語は中国語らしいです。また、日本語もワースト5に挙がるようです。これは、中国語や日本語が文法的および語彙的な面で英語との共通点が少なく、習得の過程で学習者に多くの負担がかかるからでしょう。中国語と日本語の間には共通点が多いので中国語話者にとって日本語を習得するのは早いです。もちろん、日本語話者にとっても中国語は例えばヘブライ語より習得しやすい言語でしょう。では、日本人にとって一番難しい言語は何語でしょうか？答えは私にはわかりませんが、ペルシア語はワースト10に入らないことは断言できます。もしかすると、ワースト20にも入らないのではないでしょうか。

　いくらペルシア語が日本語話者にとって簡単な言語だと言っても、日本語話者が苦手とすることも多くあります。大抵の日本人は器用で短期間でペルシア語の文字が読めて、上手に書けるようになるのです。また、単文の場合、主語、目的語、動詞といった語順は日本語と同様で苦労はしません。語彙は覚えておけばすむ話で、文法の話をすれば長くなるので、ここではスピーキングに欠かせない発音のみを取り上げます。

　まず、気をつけなければならないのは、なんと言ってもペルシア語の母音です。中でも特に長母音のā、ī、ūは日本語の「あ、い、う」より長いので伸ばして発音するように心がけましょう。したがって、例えばايرانをペルシア語風に発音しようとすると「イラン」ではなく、「イーラーン」と発音しなければなりません。

　子音でペルシア語にあって日本語にないژ、غ、حの発音もやはり慣れるのに少し時間がかかりますが、コツを見つければ上手に発音できるので焦る必要はありません。حの場合、私は授業で学生にこう言います。片手で息苦しくなるぐらい喉を押さえつけたまま息を口から吐いてみてください。ちゃんとحという音が出るでしょう。غに関しては、うがいするときの音に近いので、うがいする気持ちで練習すると意外にうまく発音できるようになります。ژの発音は、英語のLの発音の仕方を参考にしてもいいですが、舌の先を前歯の上の付け根において放すだけで作り出すことができます。

　さらに、語末が子音で終わる閉音節の傾向が強いペルシア語と比べ、日本語は「ん」を除いて母音で終わる、いわゆる開音節言語です。そこで特に、nām（名前）のように、語末がmで終わる語の場合、両唇をくっつけたまま発音しなければなりません。発音が終わる前に唇を開けば*nāmu になってしまうので注意しましょう。1人称の語尾は常に-amなので、自分について話すときに両唇をちゃんと閉じているか意識しましょう。他言語を習得する際のエラーは、母語とその言語の間にある相違点から生じることが多いです。普段からそういうことを意識しておけば、皆様にもこの先、多くの発見や気づきがあるでしょう。

---

* ペルシア語にnāmuという語は存在しません。

コラム 4

我々イラン人との付き合い方

Jahedzadeh

　ある言語を勉強するときに、その言語を母語としている人たちの歴史や文化を勉強することも大事だが、もっとスキルアップしてネイティブとの会話を楽しむためにはその人たちの性格や特徴を知っておくのも１つの方法でしょう。また、そういう豆知識があると、旅行や留学などの際にもより上手に人間関係を築けるでしょう。

　さて、ペルシア語を話す我々イラン人はどんな国民性や気質を持っているのでしょうか？　イラン人にもある程度の裏表はあるので表面から判断するのは難しいでしょうが、一般的には、情に厚く、おしゃべり好き、冗談好きでおおらかだとよく言われます。この教科書の第24課の会話でアルダビール旅行から帰ってきたタカシに、モハンマド君が「僕のお土産は？」と冗談で聞いているのもその例に当たります。ほどほどの冗談なら友情を深め、人間関係をスムーズにする、冗談に紛れさせて言いにくい本音を言いやすくするなど、我々がいう冗談にもちゃんと意図があります。何が冗談で何がそうでないかを判断できるようになり、うまい返しができれば我々と円滑なコミュニケーションができるでしょう。

　また、我々イラン人は自己主張が強く、物事が嫌なら周りを気にせず、نه ときっぱり断る、以心伝心が通じない国民性を持っています。自己中心的といわれるかもしれませんが、我々にはノーと言える勇気があるのだと自負しています。しかし、イラン人には誰から見てもプラスと思われる気質も多いです。مهمان حبیب خداست.（お客さんは神の友だ）という言い回しがあるように、外国人や知らない人にはできる限り優しくしてあげたい気持ちが強くあります。なぜなら、知らない土地で心細く感じてもらいたくないからです。もちろん、この気持ちが強すぎると鬱陶しいと思われても仕方がありません。世の中で起こることは、受け止め方次第でその解釈も人それぞれなのでしょう。

　我々イラン人との付き合いで、こういった、いい意味で言えばやさしさ、悪い意味で言えば厚かましさに対して、イラン人風のスタイルで対応していただければ幸いです。はっきり言っておきますが、我々イラン人に対しては遠回しに断るといった婉曲表現は無駄です。さもなければ、我々からの誘いやお願いをなかなか断れなくなり、我々イラン人に振り回される羽目になってしまうのでくれぐれもご注意ください。「郷に入っては郷に従え」とあるように、イラン人との付き合いでは、自分の立場を常にはっきりと定めていただき、イラン式のコミュニケーションスタイルでお願い申し上げます。

数字の表現

この課では、1から9999までの数字の表現について学びます。数字は必ずしも規則的とは限りませんので注意しましょう。

١	یک	/yek/	٢٤	بیست و چهار	/bīst o chahār/
٢	دو	/do/	٢٥	بیست و پنج	/bīst o panj/
٣	سه	/se/	٢٦	بیست و شش	/bīst o shesh/
٤	چَهار	/chahār/	٢٧	بیست و هفت	/bīst o haft/
٥	پَنج	/panj/	٢٨	بیست و هشت	/bīst o hasht/
٦	شش	/shesh/	٢٩	بیست و نه	/bīst o noh/

№	ペルシア語	発音	№	ペルシア語	発音
١	یک	/yek/	٢٤	بیست و چهار	/bīst o chahār/
٢	دو	/do/	٢٥	بیست و پنج	/bīst o panj/
٣	سه	/se/	٢٦	بیست و شش	/bīst o shesh/
٤	چَهار	/chahār/	٢٧	بیست و هفت	/bīst o haft/
٥	پَنج	/panj/	٢٨	بیست و هشت	/bīst o hasht/
٦	شش	/shesh/	٢٩	بیست و نه	/bīst o noh/
٧	هَفت	/haft/	٣٠	سی	/sī/
٨	هَشت	/hasht/	٤٠	چهل	/chehel/
٩	نُه	/noh/	٥٠	پَنجاه	/panjāh/
١٠	دَه	/dah/	٦٠	شَصت	/shast/
١١	یازده	/yāzdah/	٧٠	هَفتاد	/haftād/
١٢	دَوازده	/davāzdah/	٨٠	هَشتاد	/hashtād/
١٣	سیزده	/sīzdah/	٩٠	نَوَد	/navad/
١٤	چَهارده	/chahārdah/	١٠٠	صَد	/sad/
١٥	پانزده	/pānzdah/	٢٠٠	دویست	/devīst/
١٦	شانزده	/shānzdah/	٣٠٠	سیصَد	/sīsad/
١٧	هفده	/hefdah/	٤٠٠	چَهارصَد	/chahārsad/
١٨	هجده	/hejdah/	٥٠٠	پانصَد	/pānsad/
١٩	نوزده	/nūzdah/	٦٠٠	ششصَد	/sheshsad/
٢٠	بیست	/bīst/	٧٠٠	هَفتصَد	/haftsad/
٢١	بیست و یک	/bīst o yek/	٨٠٠	هَشتصَد	/hashtsad/
٢٢	بیست و دو	/bīst o do/	٩٠٠	نُهصَد	/nohsad/
٢٣	بیست و سه	/bīst o se/	١٠٠٠	هِزار	/hezār/

(CD 10 は ٣٠ の行)

A. 原則として位と位を‌و/o/でつなげます。（**11から19を除く**）

سی و یک   ۳۱   /sī o yek/

B. 注意が必要な読み方

①۱۰۰の読み方はصد が一般的ですが、یک صد でもかまいません。

صد و دوازده   ۱۱۲   /sad o davāzdah/

یک صد و دوازده   ۱۱۲   /yek sad o davāzdah/

②۱۰۰۰の読み方はهزار が一般的ですが、یک هزار でもかまいません。

هزار و نهصد و بیست و دو   ۱۹۲۲   /hezār o nohsad o bīst o do/

یک هزار و نهصد و بیست و دو   ۱۹۲۲   /yek hezār o nohsad o bīst o do/

C. 数字は左から右に表記します。

شماره‌ی این اتاق ۳۰۱ است.
この部屋の番号は301です。

接続詞の و を o と読む場合と va と読む場合

Jahedzadeh

　ペルシア語には主に2つの接続詞があります。ペルシア語起源の-oと、アラビア語由来のvaです。-oは古代ペルシア語のutāがパフラヴィー語（中期ペルシア語）の初期でutに、後期の段階でudになり、その後dが省略されてuになったそうです。また、現代ペルシア語ではuは母音変化によって-oに変わっていると思われています。-oは先行する語と結合して発音されます。表記はどちらも و と書かれますが、-oと読まなければならないときとvaと読まなければならないときがあります。

　はじめに、-oと読まなければならないケースを挙げます。まずは、21以上の数字の桁毎の間です。例えば/bīst o yek/, /bīst o do/, /bīst o se/,.../sī o yek/, .../sad o panjāh o haft/など。もちろん、一の位に1から9までがつかない/si/ (30)，/navad/ (90)や/hezār/ (1000)のような数字（一の位がゼロの数字）には-oが現れようがないのは言うまでもありません。

　次に、-oと読まなければならないのは、元々2つの要素、多くの場合名詞や形容詞から形成されている単語で、もはや一語として扱われている単語です。したがって、vaを用いてこれらの要素を分けて読むと意味も異なってしまいます。実際に、上で挙げた-oのつく数字も一語として扱われていますのでvaではなく、-oが使われます。仮に21を/bīst va yek/と読んだら、「ニジュウイチ」ではなく「20と1」という意味になってしまいます。同様に、一語である زن و شوهر /zan o shouhar/（夫婦）、زن و مرد و پير و جوان/zan o mard o pīr o javān/（老若男女）、خوب و بد/khūb o bad/（善悪）、آب و هوا/āb o havā/（気候）をvaで読むとそれぞれ、「夫と妻」、「老人と若者と男と女」、「悪いことと善いこと」、「空気と水」と2つの要素の併記となり、本来の意味とかけ離れてしまいます。このような語がペルシア語に少なからずありますので、単語を覚えるときに意識して慣れていくのが有効的な習得方法だと思われます。

　次に、vaと読まなければならないのはどのような時でしょうか。それは、2つの要素を独立させて読むときと、前の文が終了し、最後の語に-oを結合させなかった場合、接続詞を使おうとすればvaを使うしかありません。言い換えれば、最後の文に接続詞を付けたい場合、vaでも-oでも結構なのですが、文の最後に沈黙した場合、残った選択肢はvaのみとなります。

昔話「ハサンの話」

竹原　新

　昔話や伝説といった口承文芸は、その国や地域の価値観を端的に示すことがあります。筆者がイランで収集した事例から「ハサンの話」という比較的短い昔話を1つ紹介したいと思います。

　ハサンという少年がいた。父親と母親と一緒に住んでいた。ある時、父親は言った。さあ、仕事をしなさい。しかし、ハサンは仕事には行かなかった。母親がハサンにお金を与え、こう言った。遊んで帰ってきなさい。そして、ハサンが夜に帰ってきてお金を父親に渡すと、父親はかまどに投げ入れた。ハサンは、かまどに手を伸ばそうともしなかった。父親には、ハサンが仕事に行ったのではないことがわかった。2、3日同じようなことがあった。父親は、もう一度言った。仕事に行きなさい。ハサンは、今度は小麦を挽く水車小屋へ行き、そこで働いた。そして、お金をもらって帰ってきた。父親は、そのお金をまたかまどに投げ入れた。今度は、ハサンが手をかまどに突っ込んだので、父親はハサンが仕事をしてきたことがわかった。（1998年9月11日にテヘラン州で筆者が採録）

　優しく甘い母親と、厳しく賢明な父親の対比が鍵になる話です。家父長制が背景となる教訓話であり、子供がこの話を聞いたなら、「お父さんはエラい」と思うでしょう。しかし、採録してから20年が経った今、この話の母親と父親は、実はグルだったのではないかと思うようになってきました。なにしろ、少年とはいえ給料の1日分を一瞬で帳消しにするような高額な教育方法です。母親が事前に知らされていないと考える方が不自然です。むしろ、発案したのは母親の方かもしれません。きっと、夫婦で練りに練った策に違いありません。これだから昔話は面白いのです。読者の皆様は、この話をお読みになって何を感じられたでしょうか。

6

動詞 بودن

CD
12

講読

او ایرانی است.

این پِسَر، تاکاشی است. این دُختَر، ساکورا است. آنها دانشجو هَستَند. آنها ژاپنی هَستَند.

او آقای حمید ساعدی است. او استاد زبان فارسی است. او ژاپُنی نیست. او ایرانی است.

این پِسَرِ آقای ساعدی است. اِسمِ او شهرام است. این دُختَرِ آقایِ ساعدی است. اِسمِ او باران

است. این هَمسرِ آقایِ ساعدی است. اسم او ریحانه است.

این پونه است. پونه هم ایرانی است. او دانشجو است.

CD
13

اسم شما چیست؟

تاکاشی: سَلـام.

ساکورا: سَلـام.

تاکاشی: من تاکاشی ماتسوئی هستم. اِسمِ شُما چیست؟

ساکورا: مَن ساکورا سوزوکی هَستَم.

تاکاشی: مَن دانِشجویِ زبانِ فارسی هَستَم.

ساکورا: مَن هَم دانِشجویِ زبانِ فارسی هستم.

تاکاشی: آیا شُما هَمکِلـاسِ مَن هَستید؟

ساکورا: بَله، ما هَمکِلـاس هَستیم.

تاکاشی: آیا شُما اوساکایی هَستید؟

ساکورا: بَله، مَن اوساکایی هَستَم. آیا شُما هَم اوساکایی هستید؟

تاکاشی: نه، مَن اوساکایی نیستم. کوبهای هَستَم.

単語・表現

حمید /hamīd/ ハミード（人名[名]）

اسم /esm/ 名前

پونه /pūne/ （植物の）メグサハッカ（ここでは人名[名]、プーネ）

همکلاس /hamkelās/ 同級生

要点

①原則として、国名や地名に ی/ī/を付けると、「～人」、「～の人」という意味になります。

　　ایران /īrān/ イラン

　　ایرانی /īrānī/ イラン人

　　ژاپن /zhāpon/ 日本

　　ژاپنی /zhāponī/ 日本人

②ただし、/ā/(ا)、/ī/(ی)、/ū/(و)、/o/(و)、/ou/(و)で終わっている場合は、یی/ī/を付けます。

　　اوساکایی /osākāī/ 大阪の人

③また、/e/ (ه)で終わっている場合は ای を付けます。

　　کوبهای /kōbeī/ 神戸の人

文法——動詞 بودن

　この課では、英語のbe動詞に当たる動詞بودنの直説法現在形と直説法過去形（単純過去形）の人称変化を中心に学習します。第3課では動詞のاستを学習しましたが、استは動詞بودنの直説法現在形3人称単数（接尾辞形）に当たります。

　بودنのような形を不定形と呼びます。辞書では動詞は不定形が見出し語として挙げられます。動詞の不定形は過去語幹（直説法過去形3人称単数と同じ形）にنを加えた形であり、不定形単独で名詞として扱うことができます。例えばبودنは「あること」、「存在すること」という意味になります。

6.1 　動詞 بودن の直説法現在形の人称変化

　動詞بودنの肯定形には、独立形と接尾辞形があります。否定形は共通です。

A. 動詞بودنの直説法現在形（独立形）の人称変化

　動詞بودنの直説法現在形（肯定形・否定形）は、次の表のように人称によって変化します。

	肯定形	否定形
1人称単数現在	هستم　/hast-am/	نیستم　/nī-st-am/
2人称単数現在	هستی　/hast-ī/	نیستی　/nī-st-ī/
3人称単数現在	هست　/hast/ (است)　/ast/	نیست　/nī-st/
1人称複数現在	هستیم　/hast-īm/	نیستیم　/nī-st-īm/
2人称複数現在	هستید　/hast-īd/	نیستید　/nī-st-īd/
3人称複数現在	هستند　/hast-and/	نیستند　/nī-st-and/

من دانشجو هستم.

私は大学生です。

آنها ایرانی نیستند.

彼らはイラン人ではありません。

ただし、3人称単数現在のاستを使うことが普通で、هستは「存在」などの意味を含む場合に使われることが多いです。

اینجا کتابخانه است.

ここは図書館です。

اینجا کتابخانه هست.

ここに図書館があります。

B. 動詞بودنの直説法現在形（接尾辞形）の人称変化

肯定形の場合のみ、補語に、動詞بودنの接尾辞形を付けても同じ意味になります。ただし、接尾辞形より独立形の方が強調や存在の意味が付加されます。否定形には動詞بودنの接尾辞形はありません。

1人称単数現在	م(ا)	/-am/
2人称単数現在	ی(ا)	/-ī/
3人称単数現在	است	/ast/
1人称複数現在	یم(ا)	/-īm/
2人称複数現在	ید(ا)	/-īd/
3人称複数現在	ند(ا)	/-and/

اینها کتابند.

これらは本です。

補語が母音で終わっている場合、接尾辞の前に ا (alef) を入れます。

تو بچه‌ای.

君は子どもです。

آنها ژاپنی‌اند.

彼らは日本人です。

من دانشجوام.

私は大学生です。

او ایرانی است.（ او ایرانیست /ū īrānīst/）   /ū īrānī ast/

彼（彼女）はイラン人です。

※補語が母音で終わっている場合、است の ا (alef) が省略され、補語と綴りが連結されることがあります。（3.4のAを参照してください）

(6.2) 動詞 بودن の過去形の人称変化

	肯定形	否定形
1 人称単数過去	بودم /būd-am/	نبودم /na-būd-am/
2 人称単数過去	بودی /būd-ī/	نبودی /na-būd-ī/
3 人称単数過去	بود /būd/	نبود /na-būd/
1 人称複数過去	بودیم /būd-īm/	نبودیم /na-būd-īm/
2 人称複数過去	بودید /būd-īd/	نبودید /na-būd-īd/
3 人称複数過去	بودند /būd-and/	نبودند /na-būd-and/

ما جوان بودیم.

私たちは若かったです。

او دوستِ من بود.

彼（彼女）は私の友人でした。

練 習 問 題

1. 動詞بودنの直説法現在形（独立形）を使って4語以上のペルシア語文（肯定文または否定文）を作文してください。

2. 動詞بودنの直説法現在形（接尾辞形）を使って3語以上のペルシア語文を作文してください。

3. 動詞بودنの過去形を使って4語以上のペルシア語文（肯定文または否定文）を作文してください。

［基礎単語］　日と曜日の表現

روز /rūz/　日、昼間	دو شنبه /do shanbe/　月曜日
دیروز /dīrūz/　昨日	سه شنبه /se shanbe/　火曜日
امروز /emrūz/　今日	چهار شنبه /chahār shanbe/　水曜日
فردا /fardā/　明日	پنج شنبه /panj shanbe/　木曜日
شنبه /shanbe/　土曜日	جمعه /jom'e/　金曜日
یک‌شنبه /yek shanbe/　日曜日	

7 ·· 動詞 داشتن

講読

تاکاشی و پونه

سلام. اسم من تاکاشی است. من هجده سال دارم و دانشجوی زبانِ فارسی هستم.
من یک خواهر و یک برادر دارم. اسم خواهرِ من آکیکو و اسم برادرِ من یویا است. پدر من
کارمندِ بانک است. مادر من خانهدار است. خانهی ما در کوبه است.

پونه دخترِ ایرانی است. او هم دانشجو است. او تهرانی است و بیست و یک سال دارد. او
دانشجوی زبان ژاپنی است و روزهای دوشنبه، سهشنبه و جمعه کلاس دارد. پونه دوستِ من
است. او خیلی مهربان است.

اسم من تاکاشی است

تاکاشی: سلام.

پونه: سلام.

تاکاشی: اسم من تاکاشی است. تاکاشی ماتسوئی.

پونه: اسم من پونه است. پونه یزدانی.

تاکاشی: خیلی خوشوقتم.

پونه: من هم خیلی خوشوقتم.

تاکاشی: شما ایرانی هستید؟

پونه: بله، من ایرانی هستم.

تاکاشی: چه خوب! من دانشجوی زبان فارسی هستم.

پونه: اِ! چه خوب! خیلی خوشحالم. آیا فارسی سخت است؟

تاکاشی: نه، خیلی سخت نیست. آسان است.

پونه: امّا ژاپنی سخت است.

تاکاشی: واقعاً؟ نه، سخت نیست.

単語・表現

سال   /sāl/   年、〜才

کارمند   /kārmand/   職員

بانک   /bānk/   銀行

خانه‌دار   /khānedār/   主婦

تهرانی   /tehrānī/   テヘランの人

یزدانی   /yazdānī/   ヤズダーニー（人名[姓]）

خوشوقت   /khoshvaqt/   （お会いして）うれしい

سخت   /sakht/   難しい

خیلی   /kheilī/   とても（例外的に前の音節にアクセントがあります。）

آسان   /āsān/   簡単な

ا   /e/   えっ（驚きを表す感動詞）

واقعاً   /vāqe' an/   まじめな（会話文では「本当？」の意味で使われます。）

چند   /chand/   いくつ

要点

①感嘆文の作り方

・「چه+形容詞」で「なんて〜」という意味の感嘆文になります。（アレフの
　省略については3.4のＡを参照してください。）

چه زیباست!

なんて美しい。

・「چه + 名詞 + 無強勢のī」で「なんて、すばらしい（ひどい）〜」という意味の感嘆文になります。（無強勢のīについては10.1を参照して下さい。）

چه کتابی!

なんて、すばらしい（ひどい）本でしょう。

・名詞を形容詞が修飾する場合は、形容詞に「無強勢のī」が付きます。

چه کتاب خوبی!

なんて良い本でしょう。

②副詞の خیلی が否定形の動詞に係ると「そんなに〜ない」の意味になります。

خیلی سخت نیست.

そんなに難しくありません。

文法──動詞 داشتن

この課では、「持っている」という意味の動詞 داشتن の直説法現在形と直説法過去形（単純過去形）の人称変化を中心に学習します。次の課で学習する一般動詞とは形が異なりますので注意してください。

7.1 動詞 داشتن の直説法現在形の人称変化

動詞 داشتن の直説法現在形は、現在語幹の دار に人称語尾が付くことにより人称変化します。

	肯定形	否定形
1人称単数現在	دارم /dār-am/	ندارم /na-dār-am/
2人称単数現在	داری /dār-ī/	نداری /na-dār-ī/
3人称単数現在	دارد /dār-ad/	ندارد /na-dār-ad/
1人称複数現在	داریم /dār-īm/	نداریم /na-dār-īm/
2人称複数現在	دارید /dār-īd/	ندارید /na-dār-īd/
3人称複数現在	دارند /dār-and/	ندارند /na-dār-and/

کتاب دارم.

私は本を持っています。

※動詞に人称語尾がありますので、主語は省略できます。

شما چند سال دارید؟

あなたは何才ですか。

7.2 動詞داشتنの直説法過去形の人称変化

動詞داشتنの直説法過去形は、過去語幹のداشت（3人称単数過去形と同じ
形）に人称語尾が付くことにより人称変化します。

	肯定形	否定形
1人称単数過去	داشتم /dāsht-am/	نداشتم /na-dāsht-am/
2人称単数過去	داشتی /dāsht-ī/	نداشتی /na-dāsht-ī/
3人称単数過去	داشت /dāsht/	نداشت /na-dāsht/
1人称複数過去	داشتیم /dāsht-īm/	نداشتیم /na-dāsht-īm/
2人称複数過去	داشتید /dāsht-īd/	نداشتید /na-dāsht-īd/
3人称複数過去	داشتند /dāsht-and/	نداشتند /na-dāsht-and/

کار داشتند.

彼らは用事がありました。

من سؤال نداشتم.

私は質問がありませんでした。

練 習 問 題

1. 動詞داشتنの直説法現在形を使って4語以上のペルシア語文（肯定文または
   否定文）を作文してください。

2. 動詞داشتنの直説法過去形を使って4語以上のペルシア語文（肯定文または
   否定文）を作文してください。

[基礎単語]　週、月、年の表現

هفته‌ی پیش	/hafte-ye pīsh/　先週	ماه آینده	/māh-e āyande/　来月
این هفته	/īn hafte/　今週	سال گذشته	/sāl-e gozashte/　去年
هفته‌ی آینده	/hafte-ye āyande/　来週	امسال	/emsāl/　今年
ماه پیش	/māh-e pīsh/　先月	سال آینده	/sāl-e āyande/　来年
این ماه	/īn māh/　今月		

コラム 7

ペルシア語なりの世界の分け方

Jahedzadeh

　ペルシア語では世の中の現象を表現するのに、それを2つの「起こった／これから起こる」確実な世界と、「起こりうる／起こる可能性がある／起こってほしい／起こるとしたら／起こること」という仮定の世界に分けて表現します。「確実に起こった」ことや、これから「確実に起こる」現象を直説法で、「起こるかもしれない」、「起こってほしい」、「起こりうる」、「起こる前に」のように、仮定・能力・願望・可能性・条件などといった、確実といえない現象を接続法で表現します。たとえば、به مدرسه رفتم/... می روم/ ... خواهم رفت. は「学校に行った／〜行く／〜行くでしょう」ということが仮定でもなければ、願望や可能性でもありません。これらの例文は過去に起きた確実なできことや少なくとも決断した段階で確実に起こるであろうことから直説法で述べます。もちろん、後から様々な事態によりその確実とされることが未然で終わる可能性も否定できませんが、とにかくもの事を表現するときの話者のスタンスがポイントとなります。

　ميخواهم به مدرسه بروم./ميتوانم ... بروم./اگر ...بروم./شاید... بروم./باید... بروم. 一方、「学校に行きたい」、「〜に行ける」、「〜に行けば」、「〜に行くかもしれない」や「〜行かねばならない」などのように、「行く」こと自体が願望、可能性、能力や強制などによるスタンスにすぎませんので、確実に「行く」とは限りません。この事態は接続法で述べられます。

　また、قبل از این که بروم، او را دیدم. 「行く前に彼（彼女）にあった。」のように、ある事態が起きる前の段階で仮定の世界と定義されますので、接続法が使われます。さらに、پنجره را باز کردم که بزنم. （言いたいことはありません。）やتا هوای تازه بیاید. （新鮮な空気を入れるのに窓を開けた。）のように、主節の目的が関係詞のکهやتاにより構成される場合、従属節の動詞も接続法で現れるので注意が必要です。なお、口語ではکهやتاが省略されることもあります。

　このように、ペルシア語なりの2つの世界の様々な現象の扱い方を理屈上分かってもペルシア語の接続法をうまく応用するのに時間がかかります。多くの例文に触れることによる学習が有効でしょう。

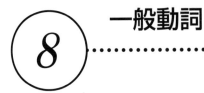

一般動詞

| 講読

تاکاشی و ساکورا

ساکورا دوستِ تاکاشی است. او هم فارسی می‌خواند و همکلاسِ تاکاشی است. اسمِ استادِ ایرانیِ آنها آقای ساعدی است. خانه‌ی ساکورا در اوساکاست.

ساکورا و تاکاشی پارسال دانشجو نبودند. آنها امسال دانشجو هستند. آنها هر روز به دانشگاه می‌آیند.

ساکورا هرروز با اتوبوس به دانشگاه می‌آید، ولی تاکاشی با قطار به دانشگاه می‌آید. خانه‌ی ساکورا نزدیکِ دانشگاه است، ولی خانه‌ی تاکاشی از دانشگاه دور است. آنها در اتوبوس و قطار کتاب می‌خوانند. تاکاشی به ساکورا تلفن می‌کند. آنها امروز در دانشگاه دیدار می‌کنند و در رستورانِ دانشگاه ناهار می‌خورند.

تلفن

ساکورا: الو، سلام.

تاکاشی: سلام.

ساکورا: خوب هستی؟

تاکاشی: خوبم، متشکرم.

ساکورا: امروز کِی به دانشگاه می‌روی؟

تاکاشی: ساعتِ ۱۰ می‌روم. تو کِی می‌روی؟

ساکورا: من ساعتِ ۱۱ با ماری به دانشگاه می‌آییم.

تاکاشی: پس، ساعتِ ۱۱ در رستورانِ دانشگاه باهم دیدار می‌کنیم.

ساكورا: باشد.

تاكاشى: خداحافظ.

ساكورا: خداحافظ.

8

単語・表現

هرروز /harrūz/ 毎日

اتوبوس /otobūs/ バス

قطار /qatār/ 列車

نزدیک /nazdīk/ 近い

دور /dūr/ 遠い

تلفن /telefon/ 電話

رستوران /restorān/ レストラン

ناهار /nāhār/ 昼食

الو /alo/ （電話の会話での）もしもし

ساعت /sāʼat/ 時間、〜時、時計

باهم /bāham/ 一緒に

باشد /bāshad/ （それで）かまいません（باشدは動詞بودنの接続法現在形3人称単数。通常の会話では口語のباشه/bāshe/が使われます。）

خواندن-خوان /khāndan/-/khān/ 読む、学ぶ

آمدن-آ /āmadan/-/ā/ 来る

کردن-کن /kardan/-/kon/ する、行う

دیدن-بین /dīdan/-/bīn/ 見る

ماری /mārī/ メアリー（英語の人名Maryのペルシア語表記）

要点

① 次の基本的な前置詞を覚えましょう。（前置詞については第11課で詳しく解説します。）

 به…‎ /be/ 〜に

با…‎ /bā/ 〜と

از…‎ /az/ 〜から

در…‎ /dar/ 〜の中に（で）

② دیدار کردن‎/dīdar kardan/は、دیدار‎「会うこと、面会」とکردن‎「する、行う」が繋がって複合動詞として働き、「会う」という意味になります。ペルシア語にはこのような複合動詞が数多くあります。

③ 時間表現を覚えましょう。「〜時」という表現は数字の前にساعت‎/sāˈat/を付けます。また、「〜分」という表現は数字の後にدقیقه‎/daqīqe/を付けます。また、「半分」を意味するنیم‎/nīm/を用いて、「〜時半」という表現もできます。

ساعت ۱۰‎ /sāˈat dah/ 10時

ساعت ۹ و ۳۵ دقیقه‎ /sāˈat noh o sī o panj daqīqe/ 9時35分

ساعت ۵ و نیم‎ /sāˈat panj o nīm/ 5時半

ساعت ۹ و ۳۵ دقیقه است.‎ /sāˈat noh o sī o panj daqīqe ast/
9時35分です。

ساعت چند است؟‎ /sāˈat chand ast/
何時ですか。

ただし、時刻を副詞的に使う際は、ساعت‎/sāˈat/にエザーフェが付き、ساعت‎
/sāˈat-e/となります。

ساعت ۱۰ به دانشگاه رفتم. /sā'at-e dah be dāneshgāh raft-am/
私は10時に大学へ行きました。

文法——一般動詞

この課では、一般動詞の直説法現在形と直説法過去形（単純過去形）の人称変化を中心に学習します。

A. 現在語幹が子音で終わる一般動詞の直説法の現在形と過去形の人称変化

一般動詞の直説法現在形の肯定形は、現在語幹の前に「接頭辞のمی/mī/」を付け、後に人称語尾を付けて作られます。一般動詞は不定形と現在語幹のセットで覚えてください。（例：「～する」を意味するکردن-کن/kardan/-/kon/の1人称単数現在肯定形の場合、「می+کُن+م」で「می کنم」となります。）直説法現在形の否定形は肯定形の接頭辞の前にنِ/ne/を付けます。

一般動詞の直説法過去形過去形の肯定形は、過去語幹（不定形からن を取った形）の後に人称語尾を付けて作られます。（例：کردن-کن の1人称単数過去肯定形の場合、「کرد+م」で「کردم」となります。）直説法過去形の否定形は肯定形の前にنَ/na/を付けます。

動詞کَرْدَنの直説法現在形の人称変化

	現在形肯定形	現在形否定形
1人称単数	می کُنَم /mī-kon-am/	نِمی کُنَم /ne-mī-kon-am/
2人称単数	می کُنی /mī-kon-ī/	نِمی کُنی /ne-mī-kon-ī/
3人称単数	می کُنَد /mī-kon-ad/	نِمی کُنَد /ne-mī-kon-ad/
1人称複数	می کُنیم /mī-kon-īm/	نِمی کُنیم /ne-mī-kon-īm/
2人称複数	می کُنید /mī-kon-īd/	نِمی کُنید /ne-mī-kon-īd/
3人称複数	می کُنَنْد /mī-kon-and/	نِمی کُنَنْد /ne-mī-kon-and/

動詞کَرْدَنの直説法過去形の人称変化

	過去形肯定形	過去形否定形
1人称単数	کَرْدَم /kard-am/	نَکَرْدَم /na-kard-am/
2人称単数	کَرْدی /kard-ī/	نَکَرْدی /na-kard-ī/
3人称単数	کَرْد /kard/	نَکَرْد /na-kard/
1人称複数	کَرْدیم /kard-īm/	نَکَرْدیم /na-kard-īm/
2人称複数	کَرْدید /kard-īd/	نَکَرْدید /na-kard-īd/
3人称複数	کَرْدَنْد /kard-and/	نَکَرْدَنْد /na-kard-and/

B. 現在語幹が/ū/で終わる一般動詞の直説法の現在形と過去形の人称変化

動詞گُفْتَنの直説法現在形の人称変化

	現在形肯定形	現在形否定形
1人称単数	می‌گوُیَم /mī-gū-y-am/	نمی‌گوُیَم /ne-mī-gū-y-am/
2人称単数	می‌گوُیی /mī-gū-y-ī/	نمی‌گوُیی /ne-mī-gū-y-ī/
3人称単数	می‌گوُیَد /mī-gū-y-ad/	نمی‌گوُیَد /ne-mī-gū-y-ad/
1人称複数	می‌گوُییم /mī-gū-y-īm/	نمی‌گوُییم /ne-mī-gū-y-īm/
2人称複数	می‌گوُیید /mī-gū-y-īd/	نمی‌گوُیید /ne-mī-gū-y-īd/
3人称複数	می‌گوُیَنْد /mī-gū-y-and/	نمی‌گوُیَنْد /ne-mī-gū-y-and/

※動詞گُفْتَنの現在語幹はگوُ/gū/ですが、人称語尾の直前には母音重複を避けるためにیを表記
した上で/y/の音が入ります。（例：1人称単数肯定形 می‌گوُیَم /mī-gū-yam/）

動詞گُفْتَنの直説法過去形の人称変化

	過去形肯定形	過去形否定形
1人称単数	گُفْتَم /goft-am/	نَگُفْتَم /na-goft-am/
2人称単数	گُفْتی /goft-ī/	نَگُفْتی /na-goft-ī/
3人称単数	گُفْت /goft/	نَگُفْت /na-goft/
1人称複数	گُفْتیم /goft-īm/	نَگُفْتیم /na-goft-īm/
2人称複数	گُفْتید /goft-īd/	نَگُفْتید /na-goft-īd/
3人称複数	گُفْتَنْد /goft-and/	نَگُفْتَنْد /na-goft-and/

C. 現在語幹が/ā/で終わり、過去語幹が/ā/で始まる一般動詞の直説法の現在形と過去形の人称変化

動詞آمَدَنの直説法現在形の人称変化

	現在形肯定形	現在形否定形
1人称単数	می‌آیَم /mī-ā-y-am/	نِمی‌آیَم /ne-mī-ā-y-am/
2人称単数	می‌آیی /mī-ā-y-ī/	نِمی‌آیی /ne-mī-ā-y-ī/
3人称単数	می‌آیَد /mī-ā-y-ad/	نِمی‌آیَد /ne-mī-ā-y-ad/
1人称複数	می‌آییم /mī-ā-y-īm/	نِمی‌آییم /ne-mī-ā-y-īm/
2人称複数	می‌آیید /mī-ā-y-īd/	نِمی‌آیید /ne-mī-ā-y-īd/
3人称複数	می‌آیَنْد /mī-ā-y-and/	نِمی‌آیَنْد /ne-mī-ā-y-and/

※動詞آمَدَنの現在語幹はآ/ā/ですが、人称語尾の直前には母音重複を避けるためにیを表記した上で/y/の音が入ります。（例：1人称単数肯定形　می‌آیَم /mī-ā-y-am/）

動詞آمَدَنの直説法過去形の人称変化

	過去形肯定形	過去形否定形
1人称単数	آمَدَم /āmad-am/	نَیامَدَم /na-y-āmad-am/
2人称単数	آمَدی /āmad-ī/	نَیامَدی /na-y-āmad-ī/
3人称単数	آمَد /āmad/	نَیامَد /na-y-āmad/
1人称複数	آمَدیم /āmad-īm/	نَیامَدیم /na-y-āmad-īm/
2人称複数	آمَدید /āmad-īd/	نَیامَدید /na-y-āmad-īd/
3人称複数	آمَدَنْد /āmad-and/	نَیامَدَنْد /na-y-āmad-and/

※動詞آمَدَنの過去語幹はآمَد /āmad/ですが、否定のنَ/na/が付くと、母音重複を避けるため過去語幹の前に/y/の音が入ります。（例：1人称単数肯定形　نَیامَدَم /na-y-āmad-am/）

1．動詞آمدنと前置詞を使って５語以上のペルシア語文を作文してください。

［基礎単語］ 主な動詞１

گُفتَن-گو　/goftan/-/gū/　言う

دادَن-ده　/dādan/-/deh(dah)/
与える

گِرفتَن-گیر　/gereftan/-/gīr/　取る

خوردَن-خور　/khordan/-/khor/
食べる

نِوشتن-نویس　/neveshtan/-/nevīs/
書く

ریختَن-ریز　/rīkhtan/-/rīz/　注ぐ

以下の動詞の現在形の人称変化は、括弧内の現在語幹の発音で行います。

رَفتَن-رو　/raftan/-/rou(rav)/　行く

（例：１人称単数肯定形　می‌رَوَم　/mī-rav-am/）

شنیدَن-شنو　/shenīdan/-/shenou(shenav)/　聞く

（例：１人称単数肯定形　می‌شِنَوَم　/mī-shenav-am/）

伝説「シャー・アッバースとキャチャル」

竹原　新

8

　キャチャル（「禿げ」の意味）はイランの伝承における代表的なトリックスターです。このキャチャル、ただの禿げではありません。多くは男の少年として描写され、機知があり、セレンディピティ的に、偶然か必然か、気がついたら大成功してしまうキャラクターです。「シャー・アッバースとキャチャル」の伝説（あらすじ）を紹介します。

　ある時、王様（シャー・アッバース）は、「雪の中で、（裸で）一晩外で過ごした者がいれば褒美をやろう。」と言った。キャチャルが名乗りをあげ、裸で雪の中、外で一晩過ごした。王様は「夜中に光を見なかったか？」と問うた。キャチャルは「ダマーヴァンド山に小さな光を見た。」と答えた。王様は「その光がお前を温めたのだな。それなら、褒美はやらん。」と言った。褒美を貰えなかったキャチャルは一計を案じ、ある日、王様を昼食に招待した。キャチャルは木の上に大きな鍋を置き、鍋から離して小さな火で温めた。なかなか鍋が温まらないのを見た王様は「それでは鍋が温まるはずがないだろう。」と言った。キャチャルは「あの夜の私と同じです。」と言った。一本取られた王様は、キャチャルに褒美を渡した。キャチャルの方も、隠しておいたご馳走を王様一行に出し、皆で食べた。（1998年11月3日にマーザンダラーン州で筆者が採録）

　ところで、随分、昔のことであるが、日本アニメの「一休さん」がイランで大ヒットしたことがあります。数ある日本アニメの中から、関係者が敢えて「一休さん」を選んだのは大正解だと思います。

فصل‌های ایران

ایران چهار فصل دارد. بهار، تابستان، پاییز و زمستان.

بهار بهترین فصل ایران است. چون هوا نه گرم و نه سرد است. باران زیاد می‌بارد و هوا مرطوب است. نوروز اوّل فصل بهار است. در فصل بهار سبزه و گل زیاد است. میوه‌ی بهار توت است.

در تابستان، هوا گرم است. در فصل تابستان باران کمتر می‌آید و هوا خشک است. در این فصل در ایران میوه‌های خوشمزه زیاد است. میوه‌های تابستان، هندوانه، انگور و انجیر است. در تابستان مردم لباس نازک می‌پوشند و برایِ شنا به دریا می‌روند. آنها دریا را دوست دارند.

در فصل پاییز هوا کمی سرد می‌شود. میوه‌ی فصل پاییز انار است. در این فصل برگ درختان می‌ریزد. در زمستان هوا خیلی سرد می‌شود و در شمال ایران برف می‌آید. مردم لباس ضخیم می‌پوشند. میوه‌ی زمستان نارنگی و پرتقال است.

آقای ساعدی و ریحانه خانم زمستان را دوست دارند. چون آنها اِسکی دوست دارند. پونه تابستان را دوست دارد. چون میوه‌ی خوشمَزه زیاد است. در فصلِ زمستان آقای ساعدی، ریحانه خانم و پونه اِسکی می‌کنند.

در رستوران دانشگاه

تاکاشی: شما کدام غذای ایرانی را دوست دارید؟

آقای ساعدی: من قورمه سبزی و قیمه را خیلی دوست دارم. در خانه ماهی‌پلو هم زیاد

می‌خوریم.

تاکاشی: من هم غذای ایرانی خیلی دوست دارم. خیلی خوشمزه است.

آقای ساعدی: بله، خیلی خوشمزه است. شما کجا غذای ایرانی خوردید؟

تاکاشی: در رستورانِ ایرانی.

آقای ساعدی: چه خوردید؟

تاکاشی: میرزاقاسمی.

آقای ساعدی: چه خوب! من هم میرزاقاسمی دوست دارم.

9

単語・表現

فصل   /fasl/ 季節

هوا   /havā/ 天候

بهار   /bahār/ 春

تابستان   /tābestān/ 夏

پاییز   /pāyīz/ 秋

زمستان   /zemestān/ 冬

گرم   /garm/ 暑い、熱い

سرد   /sard/ 寒い、冷たい

زیاد   /ziyād/ 多い

باریدن- بار   /bārīdan/-/bār/ （雨、雪などが）降る

مرطوب   /martūb/ 湿気がある

نوروز   /nourūz/ イラン暦正月

سبزه   /sabze/ 緑草

میوه   /mīve/ 果物

توت   /tūt/ 桑の実

کم   /kam/ 少ない

خشک   /khoshk/ 乾いた

خوشمزه   /khoshmaze/ おいしい

55

هندوانه /hendevāne/ スイカ

انگور /angūr/ ブドウ

انجیر /anjīr/ イチジク

لباس /lebās/ 服

نازک /nāzok/ 薄い

پوشیدن-پوش /pūshīdan/-/pūsh/ （服などを）着る

...برای /barāye/ 〜のために

شنا /shenā/ 水泳

دریا /daryā/ 海

دوست داشتن /dūst dāshtan/ 好む、好きである

کمی /kamī/ 少し

انار /anār/ ザクロ

برگ /barg/ 葉

شمال /shomāl/ 北

برف /barf/ 雪

ضخیم /zakhīm/ 厚い

نارنگی /nārangī/ ミカン

پرتقال /portoqāl/ オレンジ

چون /chon/ なぜなら、〜だから、〜なので

اسکی /eskī/ スキー

غذا /ghazā/ 食事

قورمه‌سبزی /qormesabzī/ ゴルメサブズィー（料理の名前）

قیمه /qeyme/ ゲイメ（料理の名前）

ماهی‌پلو /māhīpolou/ マーヒーポロウ（料理の名前）

میرزاقاسمی /mīrzāqāsemī/ ミールザーガーセミー（料理の名前）

要点

①形容詞に تَر/-tar/を付けると比較級になります。

②形容詞に تَرین/-tarīn/を付けると最上級になります。

③خوب の比較級 خوبتر/khūb-tar/と最上級 خوبترین/khūb-tarīn/はあまり使われ
ず、代わりに بهتر/beh-tar/と بهترین/beh-tarīn/がよく使われます。

④زیاد の比較級 زیادتر/ziyād-tar/と最上級 زیادترین/ziyādtarīn/も使われますが、
代わりに بیشتر/bīsh-tar/と بیشترین/bīsh-tarīn/の方がよく使われます。

⑤نه...نه...は、「～でもなく～でもない」という意味になります。

⑥数字に مْ/om/を付けると「～番目の」という意味の序数詞の形容詞形になり
ます。ただし、「1番目」は、یکم/yek-om/の他、اوّل/avval/もよく使われま
す。

    روز دوم /rūz-e dovv-om/　2日目

　また、数字に مین/-omīn/を付けると「～番目の」という意味の序数詞の形
容詞形になります。「1番目の」は、یکمین/yek-omīn/ではなく、اوّلین/avval-īn/や
نخستین/nakhost-īn/が一般的です。ただし、بیست و یکمین /bīst o yek-omīn/
や سی و یکمین/sī o yek-omīn/のように、2桁以上の数字の1の位には
/yekomīn/を使います。これらの序数詞の形容詞形は名詞より前に付けます。

    دومین روز /dovv-omīn rūz/　2日目

文法──後置詞の را

　この課では、目的語に付く後置詞の را の基本的な用法を中心に学習します。特に後置詞の را の有無によってどのように意味が異なるのかについて学びます。

　直接目的語が限定される場合は直接目的語の後に را が付きます。直接目的語の後に را が付いている場合は、話し手だけでなく、聞き手も既にその直接目的語の指す対象についてわずかでも認識を共有しているという意味合いが含まれます。直接目的語の後に را が付かない場合は、その直接目的語の指す内容に関して、話し手と聞き手が認識を共有しておらず、一般的なものという意味合いになります。

> من کتاب می‌خوانم.
> 私は本を読みます。（←どの本でもいい。）

> من این کتاب را می‌خوانم.
> 私はこの本を読みます。（←「この本」に限定されており、相手も「この本」を認識している。直接目的語に این や آن が付くと自動的に後置詞 را が付く）

> من فیلم دیدم.
> 私は映画を見ました。

> من فیلم را دیدم.
> 私は（例の）映画を見ました。

1．後置詞の را を含む5語以上のペルシア語文を作文してください。

9

［基礎単語］　主な動詞2

خَریدَن- خَر /kharīdan/-/khar/　買う

فروختَن- فروش /forūkhtan/-/forūsh/
売る

فَهمیدَن- فَهم /fahmīdan/-/faham/
理解する

خَندیدَن-خَند /khandīdan/-/khand/
笑う

بَستَن- بَند /bastan/-/band/　結ぶ

بُردَن- بَر /bordan/-/bar/　持っていく

آوَردَن – آوَر /āvardan/-/āvar/
持ってくる

ساختَن- ساز /sākhtan/-/sāz/　作る

دانستَن- دان /dānestan/-/dān/
知る、知っている

10

無強勢のīと強勢のあるī

. . . .

CD
20 | 講読

دوستِ قدیمی

احمد، همکلاس آقای ساعدی و یکی از دوستانِ قدیمیِ او است. او اهلِ کاشان است. کاشان یکی از شهرهای قدیمیِ ایران است. در کاشان گل سرخ زیاد است. سوغاتِ کاشان گلاب است. احمد معلّمِ مدرسه‌ی ابتدایی است و در مدرسه‌ای در کاشان فارسی درس می‌دهد. او پاییزِ امسال به ژاپن آمد و یک هفته در ژاپن ماند. او برای آقای ساعدی گلابِ کاشان آورد.

آقای ساعدی و همسرِ او ریحانه خانم، احمد را به کیوتو بردند و جاهای دیدنیِ کیوتو را به احمد نشان دادند. آنها به کیوتوگوشو، کینکاکوجی و گینکاکوجی رفتند. احمد در کیوتو عکس‌های زیادی گرفت. او از کیوتو کیمونو و شیرینیِ کیوتو را خرید. احمد از آقای ساعدی و ریحانه خانم خیلی تشکّر کرد.

CD
21

در فرودگاه

آقای ساعدی: به به! سلام احمد جان.

احمد: سلام حمید جان.

آقای ساعدی: خیلی خوش آمدی.

احمد: متشکّرم.

آقای ساعدی: خسته شدی؟

احمد: کمی خسته هستم، ولی مشکلی نیست. این گلابِ کاشان است. سوغاتِ کاشان.

آقای ساعدی: خیلی متشکّرم. چرا زحمت کشیدید؟

احمد: خواهش می‌کنم. چه زحمتی!

آقای ساعدی: این خانمِ من ریحانه است.

ریحانه: سلام آقا احمد، خیلی خوش آمدید.

احمد: سلام ریحانه خانم، متشکرم. از دیدنِ شما خوشحالم.

ریحانه: متشکرم. من هم همچنین.

█ 単語・表現

یکی از... ‏/yekī az/ ～の中の１つ（１人）※単位は文脈で変わります。

قدیمی ‏/qadīmī/ 昔の、古い

اهلِ... ‏/ahl-e/ ～人、～の人

کاشان ‏/kāshān/ カーシャーン（地名）

گلِ سرخ ‏/gol-e sorkh/ （赤い）薔薇

سوغات ‏/soughāt/ 旅の土産

گلاب ‏/golāb/ 薔薇水

ابتدایی ‏/ebtedāʾī/ 初級の

مدرسه‌ی ابتدایی ‏/madrese-ye ebtedāʾī/ 小学校

انگلیسی ‏/engelīsī/ 英語

درس دادن ‏/dars dādan/ 教える

ماندن- مان ‏/māndan/-/mān/ 残る、滞在する

دیدنی ‏/dīdanī/ 見るに値する

نشان دادن ‏/neshān dādan/ 示す

شیرینی ‏/shīrīnī/ お菓子

تشکّر کردن ‏/tashakkor kardan/ 感謝する

فرودگاه ‏/forūdgāh/ 空港

به به ‏/bah bah/ すばらしい、よくやった（感動詞）

خوش آمدی ‏/khosh āmad-ī/ ようこそ（２人称複数の場合はخوش آمدید）

خسته شدن ‏/khaste shodan/ 疲れる

مشکل ‏/moshkel/ 困難

کشیدن-کش ‏/keshīdan/-/kesh/ 引く、描く

زحمت کشیدن ‏/zahmat keshīdan/ 苦労する

خواهش می‌کنم ‏/khāhesh mi-kon-am/ どういたしまして、どうか、どうも
（直訳は「私はお願いします」の意味）

چه زحمتی ‏/che zahmatī/ 大したことありません（؟چرازحمت کشیدید に対して
の答え。直訳は「何が苦労なものでしょうか？」の意味)

همچنین ‏/hamchonīn/ このように、このような（通常の会話では口語
/hamchenīn/が一般的です。）

▌要点

① از ... تشکّر کردن は「〜に感謝する」という表現ですが、日本語の「に」に当
たる前置詞は از になります。日本語母語話者の初学者は、よく به としがちです
ので、注意してください。

②副詞が形容詞を修飾する場合は、形容詞の直前に副詞を置きます。

این شیرینی خیلی خوشمزه است.

このお菓子はとてもおいしいです。

③副詞が動詞を修飾する場合はその動詞より前に置きます。副詞の位置は動詞
の直前とは限らず、文脈によって場所は変わります。

امروز آنها به بازار می‌روند.

آنها امروز به بازار می‌روند.

彼らは今日市場へ行きます。

※2文とも正しい文です。

文法──無強勢のīと強勢のあるī

　この課では無強勢のīと強勢のあるīについて学びます。名詞などに無強勢のī（不定のī）が付く場合、あるいは、強勢のあるīが付く場合について詳しく説明します。

10.1 無強勢のī（不定のī）

A. 名詞に無強勢のīを付けるとその名詞は不定となります。このため「不定のī」とも言います。

> من کتاب می‌خوانم.
> 私は本を読みます。（←単に一般的に本を読む（読書する）という事実を示す。）

> من کتابی می‌خوانم.
> 私はある本を読みます。（←自分はその本を知っているが、相手はどんな本か知らない。自分は特定していても、相手にとってはその本のことは初耳でまだ特定できていない。）

※自分も相手も特定できていない場合、無強勢のīは使わない。

B. 注意

① /ā/(ا)、/ū/(و)、/o/(و)、/ou/(و)で終わっている場合は、یی を表記して /yī/ と発音します。

> پایی /pā-yī/ ある足
> مویی /mū-yī/ ある髪の毛
> کادویی /kādo-yī/ ある贈り物
> پیاده‌رویی /piyāderou-yī/ ある歩道

※ یی を ئی と表記することもあります。

②e(ه)で終わっている場合は、ایを表記して/ī/と発音します。

بچهای /bachche-ī/　ある子ども

③īで終わっている場合は、ایを表記して/yī/と発音する。

صندلیای /sandalī-yī/　ある椅子

④不定の名詞を形容詞が修飾する場合は、یは形容詞に付く。

امروز فیلم جالبی دیدم.

今日ある面白い映画を見た。

⑤چه、چطورは名詞を修飾する疑問形容詞にもなります。この場合、名詞には無強勢のī（不定のī）が付きます。

چه کتابی دوست دارید؟

どの本が好きですか。

چطور کتابی دوست دارید؟

どのような本が好きですか。

C. 名詞の前にیکを付け加えることでも、無強勢のīが付く場合と同様に、その名詞が不定になります。

من فیلمی دیدم.

私はある映画を見ました。

من یک فیلم دیدم.

私はある映画を見ました。

10.2 強勢のある ī

　強勢のある ī を付けることで派生語ができることがあります。派生語なので普通は単独の単語として辞書に載っています。

A. 名詞化

　سبز　/sabz/ 緑の　→　سبزی　/sabzī/ 野菜

B. 形容詞化

　قدیم　/qadīm/ 昔（の）　→　قدیمی　/qadīmī/ 昔の

　※قدیم には名詞の他、形容詞の意味もありますが、قدیمی には形容詞の意味しかありません。

- -
練　習　問　題
- -

1．無強勢の ī（不定の ī）と副詞を含む5語以上のペルシア語文を作文してください。

همیشه /hamīshe/ いつも

گاهی /gāhī/ ときどき

هرگز /hargez/ 決して（〜ない）
（否定形の動詞と共に）

زود /zūd/ 早く、早い

دیر /dīr/ 遅く、遅い

تند /tond/ 速く

آهسته /āheste/ ゆっくり

مثلاً /masalan/ 例えば

حتماً /hatman/ 必ず

معمولاً /ma'mūlan/ 普通

※◌ タンヴィーン(tanvīn)が名詞の語尾に
  ا (alef)と共に付くと副詞になり/an/と読
  みます。

※形容詞と副詞が同じ形になることも多い
  です。

猫の俗信

竹原　新

　イランでは野良猫もみんなペルシア猫……なわけはありません。野良猫はどう見ても日本と同じただの猫です。ただ、気のせいかもしれませんが、日本の猫より人懐っこいような気がします。テヘランでも猫は日常的な存在であり、道端や食堂で寄ってきた猫たちに人々が食べ物を分けてやる姿を見かけることもあります。しかし、イラン人と猫の間には、もう少し深い事情があるのです。

　イランでは猫はことさら手厚く扱われてきたようです。例えば、次のような俗信があります。「もし、誰かの家で猫が出産したら、その家の主人は巡礼に行くと信じる者がいる。つまり、その子供ができた猫が吉なのである。だから、出産が近い猫を誰も追い出さず、その家で生ませるのである。」（2006年 9 月27日にテヘラン州で筆者が採録）

　猫をいじめた人は病気になるとも言われます。また、次のような俗信があります。「猫を見ても叩いてはならない。食べ物などを与えて、そのまま行かせる。奴らが化けているかもしれないので、叩くことは罪である。妊娠中の猫を叩いてはいけない。絶対に叩いてはいけない。アズウーンベヘタラーン（妖怪ジンを意味する隠語）の姿にさせてはならないからである。アズウーンベヘタラーンは何にでも化けると言われる。このため、昔から子供には『猫を叩くな』と教えた。もし、猫が妊娠中なら、本当の姿（妖怪の姿）を現してしまう。（猫を叩くのは）罪である。（猫を叩くと）猫は人間に仕返しをする。だから、猫を見たら、私たちは気を付けている。」（2014年 9 月19日にファールス州で筆者が採録）

　寄ってくる猫を手荒く扱って、もし、それがジンなら、仕返しをされるかもしれないのです。イラン人が猫を大切にするのは、可愛いこともあるでしょうが、無意識にジンによる仕返しを恐れているのかもしれません。だから、イランで猫が寄ってきたら、読者の皆様もやさしくしてあげてください。さもなければ……。

講読

خانواده‌ی آقای ساعدی

خانواده‌ی آقای ساعدی چهار نفر هستند. آقای ساعدی یک پسر و یک دختر دارد. اسم دختر او باران و اسم پسر او شهرام است. باران ۷ سال و شهرام ۱۰ سال دارد. آنها به دبستان می‌روند.

اسمِ همسرِ آقای ساعدی ریحانه خانم است. ریحانه خانم فرش می‌بافد و ایکه‌بانا خیلی دوست دارد. او هر هفته یکشنبه به کلاسِ ایکه‌بانا می‌رود. ریحانه خانم به دوستانِ ژاپنیِ خود فرش‌بافی یاد می‌دهد. فرش‌بافی یکی از صنایع دستیِ مهمِّ ایران است.

خانواده‌ی آقای ساعدی پارسال به ژاپن آمدند. آنها هر سال تابستان برای دیدنِ دوستان و آشنایان به ایران می‌روند. آنها یک ماه در ایران می‌مانند.

شام در رستوران هندی

باران: سلام بابا.

آقای ساعدی: سلام باران جان.

شهرام: سلام بابا.

آقای ساعدی: سلام شهرام جان.

شهرام: گفتی امشب شام را بیرون می‌خوریم.

آقای ساعدی: بله نزدیکِ اینجا.

ریحانه: چه خوب! کجا می‌خوریم؟

آقای ساعدی: نزدیک اینجا یک رستوران هندی هست.

ریحانه: چه خوب! غذای هندی خیلی دوست دارم. تُند و خوشمزه است.

شهرام: من هم دوست دارم. ولی زیاد تُند دوست ندارم.

باران: من غذای هندی دوست دارم، ولی غذای ایتالیایی را بیشتر دوست دارم.

آقای ساعدی: دفعه‌ی بعد به رستوران ایتالیایی می‌رویم.

باران: باشد.

▍単語・表現

نفر... /nafar/ ～人（人数を数える助数詞）

دبستان /dabestān/ 小学校（مدرسه‌ی ابتدایی より軽い表現）

فرش /farsh/ じゅうたん

بافتن- باف /bāftan/-/bāf/ 編む、織る

هر هفته /har hafte/ 毎週

کلاس /kelās/ 教室、授業、学年

فرش‌بافی /farshbāfī/ じゅうたん織り

صنایع دستی /sanāye'-e dastī/ 手工業

مهمّ /mohemm/ 重要な

آشنا /āshenā/ 知人

شام /shām/ 夕食

هندی /hendī/ インドの、インド人

بابا /bābā/ お父ちゃん（呼びかけ）

جان /jān/ ちゃん（親しい人や子供への敬称）

بیرون /bīrūn/ 外、外の、外へ（で）

ایتالیایی /ītālīyā'ī/ イタリアの、イタリア人

دفعه /daf'e/ 回

要点

①副詞の زیاد が否定形の動詞に係ると「そんなに〜ない」の意味になります。

文法——前置詞

　この課では、前置詞について学習します。エザーフェを伴うものとそうでないものがあります。

A. エザーフェを伴わない前置詞

　これまでに学習してきた前置詞（به، با، از، در）にはエザーフェがつきません。この他、次の前置詞にもエザーフェが付きません。

　　تا... /tā/　〜まで

　　بی... /bī/　〜なしで

B. エザーフェを伴う前置詞

　برای のようにエザーフェを伴う前置詞もあります。多くの前置詞は名詞などにエザーフェを付けて前置詞的用法をするようになったものです。例えば次のようなものがあります。

　　روی... /rū-ye/　〜の上に（で）

　　زیر... /zīr-e/　〜の下に（で）

　　کنار... /kenār-e/　〜の横に（で）

　　جلوی... /jelou-ye/　〜の前に（で）

　　پشت... /posht-e/　〜の後ろに（で）

C. 注意

　前置詞には日本語の感覚で直訳できないものがありますので注意しましょう。

70

①「〜語で書く、話す、言う、語る」と表現する場合は、به を使います。

من به فارسی نامه نوشتم.

私はペルシア語で手紙を書きました。

او به انگلیسی گفت.

彼（彼女）は英語で話しました。

※به の代わりに به を使うこともあります。

②「〜に尋ねる」、「〜に感謝する」、「〜にお願いする」と表現する場合
は、از を使います。

استاد ساعدی از من پُرسید.

サーエディー先生は私に尋ねました。

احمد از آنها خیلی تشکّر کرد.

アフマドは彼らにとても感謝しました。

من از او خواهش کردم.

私は彼（彼女）にお願いしました。

③前置詞と名詞や形容詞などが連結して複合前置詞となることがあります。前
置詞が前になることもありますし、後ろになることもあります。

قبل از... /qabl az/ 〜の前に

به جای... /be jā-ye/ 〜の代わりに

1．前置詞を２つ以上含む７語以上のペルシア語文を作文してください。

［基礎単語］　時に関する表現

صبح　/sobh/　朝　　　　　　　　قبل از ظهر　/qabl az zohr/　午前

عصر　/'asr/　夕方　　　　　　　بعد از ظهر　/ba'd az zohr/　午後

شب　/shab/　夜　　　　　　　　پريروز　/parīrūz/　おととい

نصف شب　/nesf-e shab/　夜中　　　پس فردا　/pas fardā/　あさって

روزِ تولّد　/rūz-e tavallod/　誕生日　　الان　/alān/　今

テヘラングルメの楽しみ方

竹原　新

11

　大阪人はいつもたこ焼きばかりを食べているわけではありません。同様に、テヘラン市民もいつもキャバーブばかりを食べているわけではありません。テヘランのグルメ文化は多彩で、各国料理のお店がそれぞれ腕を競っています。

　大阪のカレー激戦区と言われる地域の住民の筆者としては、テヘランのカレー事情が気になります。イランは、日本より地理的にも言語的にも文化的にもインドに近いはずですが、イランではカレー文化がほとんど定着していません。以前、ペルシア湾岸沿いのバンダレ・アッバースに調査で訪れた際、あるご家庭で食べさせていただいたポロウ（ピラフ）がカレー味だったことがあり驚きましたが、これは珍しいことです。レアでマイナーなカルチャーに心惹かれるのが筆者の性分です。そこで、敢えてテヘランのカレー事情に着目してみたいと思います。

　テヘランでは日本のようにカレー店という店のジャンルがありませんので、インド料理店でカレーを注文することになります。日本のカレー店に見られる手軽さはなく、ちょっと敷居の高い料理なのです。なお、筆者はナンよりライス派です。いずれのインド料理店もメニューが豊富で、店内は小洒落ています。

　あるインド料理店で「辛口で」と調子に乗った注文をしたところ、日本で言うところの「超激辛、挑戦者求む」みたいなカレーが出てきて、筆者も「辛口で」と言った手前、「辛すぎるやないか！」とは言えず、死ぬ思いをして食べ切ったことがありました。そもそも、イランでカレーを食べに行くような人は、よほどのインド通なのでしょう。ただし、この激辛カレー、美味かったことは特記しておきます。その後、そのお店のリピーターとなってしまいました。

　また、別のインド料理店でホットチリ味のカレーを注文したところ、出てきたのは食欲をそそるいい感じの色と粘度と匂いのカレーでした。「これは美味いに違いない。」期待に胸が高まりました。しかし、いざ食べてみるとカレー味があまりせず、ほぼホットチリ味でした。メニューにホットチリ味と書いてあるのに「ホットチリ味やないか！」とは言えるはずもなく、これはこれで美味しかったのですが「思ってたんと違う・・・」と思いながら、ただ咀嚼と嚥下を繰り返すしかありませんでした。

　このようにテヘランのカレー巡りは刺激的で、インド料理店の数は少ないのですが、カレー激戦区住民としても十分楽しめます。「これは当たり」と感じるカレーもあります。さらに、カレーにゲイメやゴルメサブズィーといったシチュー系のイラン料理の影響を感じると、なぜか少し嬉しいです。もちろん、カレーだけではありません。テヘラングルメの楽しみ方は無限です。

人称接尾辞

講読

ناهار با دوستان

امروز تاکاشی دوست ایرانی‌اش، پونه را در دانشگاه دید. او همکلاسی‌اش، ساکورا را به پونه معرّفی کرد. آنها باهم در رستوران دانشگاه غذا خوردند. پونه عکس‌های خانواده و دوستانش در ایران را به آنها نشان داد. او عکس مادر، پدر و برادرِ کوچکش و عکس خانه‌شان در تهران را به ساکورا و تاکاشی نشان داد. تاکاشی هم عکس‌های سگش را به ساکورا و پونه نشان داد. اسمِ سگِ تاکاشی گُرگی است. ساکورا عکس‌های گربه‌اش را به پونه و تاکاشی نشان داد. اسم گربه‌ی ساکورا میو است. بعد از ناهار آنها به کلاس‌هایشان رفتند.

معرفی دوست

تاکاشی: سلام پونه.

پونه: سلام تاکاشی.

تاکاشی: حالتان خوب است؟

پونه: متشکرم، خوبم. حال شما چطور است؟

تاکاشی: من هم خوبم. متشکرم. این دوستم ساکورا است.

ساکورا: سلام. من ساکورا هستم.

پونه: سلام، از آشنایی با شما خوشوقتم.

ساکورا: متشکرم. من هم از دیدنِ شما خوشوقتم.

پونه: مثلِ تاکاشی، فارسیِ شما هم خوب است.

ساکورا: متشکرم، من هم دانشجوی زبانِ فارسیِ دانشگاه هستم.

پونه: که این طور. آیا خانه‌ی شما هم در کوبه است؟

ساکورا: نه، خانه‌ی ما در کوبه نیست. خانه‌ی ما در اوساکا است.

▌単語・表現

معرّفی کردن /mo'arrefī kardan/ 紹介する

گُرگی /gorgī/ ゴルギー（文中では犬の名前ですが、元の意味は「オオカミのような」です。アクセントは後ろの音節 ī にあります。）

گربه /gorbe/ 猫

میو /miyu/ ミユ（文中では猫の名前ですが、元の意味は猫の鳴き声の擬音語です。」

آشنایی /āshenāī/ 知り合うこと

مثل... /mesl-e/ ～のような（に）

که این طور /ke īn tour/ 「なるほど」、「そうなの？」

▌要点

① 「～に会います。」という表現では、前置詞の به ではなく後置詞の را を使います。日本語の感覚とは異なりますので注意しましょう。

من شما را دیدم.

私はあなたに会いました。

② 「あなたに会えてうれしいです」または「あなたと知り合えてうれしいです」という表現では、前置詞の به や با ではなく、از を使います。日本語の感覚とは異なりますので注意しましょう。

از دیدنِ شما خوشوقتم.
あなたと知り合えてうれしいです。

از آشنایی با شما خوشوقتم.
あなたに会えてうれしいです。

③猫の鳴き声はميو ميو/miyu miyu/ですが、犬の鳴き声はواق واق/vāq vāq/です。

文法——人称接尾辞
（接尾辞形人称代名詞、人称代名詞接尾辞形）

　この課では人称接尾辞について学習します。人称接尾辞は、名詞、動詞、前置詞などに付きます。

A. 人称接尾辞の変化
①/ā/ (ا)、/ū/(و)、/o/(و)で終わっている場合は、 یを表記しyの音を発音する。
　　پایم　/pā-yam/　私の足
　　مویم　/mū-yam/　私の髪
　　کادویش　/kādo-yash/　彼（彼女）の贈り物

②e(ه)とī(ی)で終わっている場合は、単数形のみا（アレフ）を表記し、ام、ات、اش となる。（複数形はا（アレフ）を表記しない。）
　　بچهام　/bachche-am/　私の子ども
　　همکلاسیاش　/hamkelāsī-ash/　彼（彼女）の同級生

③人称接尾辞にはアクセントをおかない。

人称接尾辞の人称変化

	كتاب	رو	خانه
1人称単数	كتابم/ketāb-am/	رويم/rū-yam/	خانهام/khāne-am/
2人称単数	كتابت/ketāb-at/	رويت/rū-yat/	خانهات/khāne-at/
3人称単数	كتابش/ketāb-ash/	رويش/rū-yash/	خانهاش/khāne-ash/
1人称複数	كتابمان/ketāb-emān/	رويمان/rū-yemān/	خانهمان/khān-emān/
2人称複数	كتابتان/ketāb-etān/	رويتان/rū-yetān/	خانهتان/khan-etān/
3人称複数	كتابشان/ketāb-eshān/	رويشان/rū-yeshān/	خانهشان/khān-eshān/

B. 名詞＋人称接尾辞

①所有関係（～の）が表現されます。「名詞＋エザーフェ＋人称代名詞」の代わりに「名詞＋人称接尾辞」で表すことができます。

كتابم /ketāb-am/　私の本　(كتابِ من)

②名詞がエザーフェによって形容詞で修飾されている場合は形容詞に人称接尾辞が付きます。

كتاب بزرگم /ketāb-e bozorg-am/　私の大きな本　(كتابِ بزرگِ من)

C. 動詞＋人称接尾辞

動詞に人称接尾辞が付く場合、人称接尾辞は文中で目的語として働きます。

①直接目的語になる場合

ديدمش. /dīd-am-ash/　私は彼（彼女）に会いました。(او را ديدم.)

دادمش. /dād-am-ash/　私はそれを与えました。(آن را دادم.)

②間接目的語になる場合

稀に間接目的語として働くこともあります。

دادمش. /dād-am-ash/　私は彼（彼女）に与えました。(به او دادم.)

D. 複合動詞の非動詞成分＋人称接尾辞

上記Cの①と②の場合で且つ動詞が複合動詞である場合、人称接尾辞は非動詞成分に付きます。

دوستت دارم. /dūst-at dār-am/　私は君が好きです。(تو را دوست دارم.)

E. 前置詞＋人称接尾辞

前置詞に人称接尾辞が付く場合は、「前置詞＋エザーフェ＋代名詞」と同じ意味になります。

برایم /barā-yam/　私のために、私にとって　(برای من)

練 習 問 題

1. 人称接尾辞を使って4語以上のペルシア語文を作文してください。

［基礎単語］ 顔と体

سر /sar/ 頭		گردن /gardan/ 首
چشم /cheshm/ 目		بازو /bāzū/ 腕
دماغ /damāgh/ 鼻		انگشت /angosht/ 指
گوش /gūsh/ 耳		دندان /dandān/ 歯
دهان /dahān/ 口		ناخن /nākhon/ 爪
صورت /sūrat/ 顔		

イラン的な挨拶

Jahedzadeh

　日本人はたいてい天気の話題から会話に入りますが、それは天気がよく変わる日本独自の環境に関連しているかもしれません。晴天が多いイランでは、いちいち「今日いい天気ですね」という人はいません。また、「いい天気」とはどんな天気なのかもどうやら地域性があるようです。雨が少ない地域が多いイランでは、いい天気と言えば、晴れの日ではなく、雨の日です。雨がふれば、水不足の心配もなく、農作物も潤って枯れる心配もありません。

　さて、イラン人がお互いに会うときは、どのような挨拶をするのでしょうか？まず、二人の会話ではアイコンタクトがとても重要なファクターとなります。それから、سلام から会話が始まります。سلامはアラビア語由来ですが、古代ペルシア語起源のدرود/dorūd/（あなたに恩がありますように）を使う人もいます。アラビア語由来のسلامでなく、敢えて古代ペルシア語に遡るدرودを使うことで、よりペルシア語を重んじているというニュアンスを生じさせ、話者が愛国心を言外に伝えるというようなこともあります。その後、حال شما خوب است؟と相手の機嫌を聞くことが一般的です。この質問には、خوبم، متشکرمと答えればいいです。それからچه خبر؟（最近どう？）と聞かれることがよくあります。これは単なる形式上の質問の場合が多いので最近の出来事をあえて説明する人はいません。答えは、سلامتی（おかげさまで元気です。）としておくと短くて便利です。

　相手と家族同士の付き合いがあれば、خانواده خوب هستند؟، خانمتان خوب هستند؟پدر و مادرتان خوب هستند؟など家族の機嫌まで聞くことが常識となります。これらの質問に対しては、بله، متشکرم، سلام دارند.と答えれば十分です。同様に、相手の家族の機嫌を聞いておくとイラン的マナーとして完璧です。

　また、外国人であれば、初対面で「お国は？結婚してるの？子どもはいるの？お仕事は？」などと聞かれることもあります。イラン文化に慣れていない外国人は、「失礼だな」と思うこともあるかもしれませんが、イランの文化では、これはフレンドリーな態度であり、「あなたのことに興味がある、あなたを無視しない。」という意味なので、悪気はないのです。

12

13 命令文と接続法

| **講読**

تاکاشی باید صبح ساعت شش از خواب بیدار بشود.

تاکاشی، دوشنبه‌ها ساعت هشت و پنجاه دقیقه کلاسِ زبانِ فارسی دارد. او باید صبح ساعت شِش از خواب بیدار بشود. باید دندان‌هایش را مسواک بزند، لباس بپوشد، صبحانه بخورد و تا ساعت هشت سوارِ قطار بشود. برای همین، او باید یک‌شنبه شب‌ها زود بخوابد. او آخرِ هفته‌ها با دوستانِ خود به بیرون می‌رود. اما باید تکلیفش را قبل از شروعِ کلاس تمام بکند. بعضی وقت‌ها او دیر می‌کند. برای همین، باید تا ایستگاه قطار بدَوَد.

در ایران روز شنبه اوّل هفته است. روزهای پنج‌شنبه و جمعه آخر هفته و تعطیل است. در ایران مردم آخر هفته‌ها برای گردش به کوه یا پارک می‌روند. بعضی از مردم به خانه‌ی همدیگر می‌روند و مهمانی می‌گیرند. ایرانی‌ها خوردن و نوشیدن و حرف زدن را دوست دارند.

ببخشید، امروز نمیتوانم بیایم.

پونه: سلام تاکاشی.

تاکاشی: سلام پونه.

پونه: خوبی؟

تاکاشی: خوبم، مرسی. تو خوبی؟

پونه: من هم خوبم، مرسی. می‌آیی باهم به پارتی برویم؟

تاکاشی: خیلی دوست دارم. ولی ببخشید، امروز نمی‌توانم بیایم.

پونه: چرا؟

تاکاشی: چون امروز باید کار بکنم.

پونه: باشد. پس، یک روز دیگر برویم.

تاکاشی: باشد. بازهم ببخشید.

پونه: خواهش می‌کنم. مشکلی نیست.

単語・表現

خواب ‎/khāb/‎ 眠り、夢

بیدار شدن ‎/bīdār shodan/‎ 目が覚める、起きる

مسواک زدن ‎/mesvāk/‎ 歯をみがく

صبحانه ‎/sobhāne/‎ 朝食

سوار شدن ‎/savār shodan/‎ （乗り物、馬などに）乗る

همین ‎/hamīn/‎ まさにこれ、まさにこの

ایستگاه ‎/īstgāh/‎ 駅

خوابیدن-خواب ‎/khābīdan/-/khāb/‎ 眠る、寝る

روز بعد ‎/rūz-e ba'd/‎ 後日

آخَر ‎/ākhar/(/ākher/)‎ 終わり、終わりの

تکلیف ‎/taklīf/‎ 宿題

شروع ‎/shorū'/‎ 開始

تمام کردن ‎/tamām kardan/‎ 終える

وقت ‎/vaqt/‎ 時、時間

دویدن-دو ‎/davīdan/-/dav/‎ 走る

تعطیل ‎/ta'tīl/‎ 休み、休日

گردش ‎/gardesh/‎ 散歩、遠足

پارک ‎/pārk/‎ 公園

بعضی از... ‎/ba'zī az/‎ ～の中のいくつか（何人か）

مهمانی گرفتن ‎/mehmānī gereftan/‎ 客に招かれる、お呼ばれする

نوشیدن-نوش ‎/nūshīdan/-/nūsh/‎ 飲む

حرف زدن /harf zadan/ 会話する

همدیگر /hamdīgar/ お互い

مرسی /mersī/ ありがとう（متشکرمよりかなり軽い表現）

دیگر /dīgar/ 別の

بازهم /bāz ham/ 再び、何度も

要点

① 「～しなければならない」または「～に違いない」という意味の助動詞باید /bāyad/は接続法と共に使われます。（بایدについては第15課で解説します。）

②複合動詞の非動詞成分はエザーフェが付いて名詞や形容詞に修飾されることがあります。

تا ساعت هشت باید سوارِ قطار بشود.

8時までに電車に乗らなければならない。

文法——接続法と命令形

この課では、接続法と命令形について学習します。

(13.1) 接続法現在形

接続法現在形は、現在または未来の事柄について、可能、希望、義務、推量の場合など、その行為の完遂を話し手が確認しきれていない場合に使われます。接続法現在形には肯定形と否定形があります。

【注意】

①動詞بودنの接続法現在形肯定形は、現在語幹باشに人称語尾を付けて作られます。否定形は肯定形にنَを付けて作られます。

②動詞داشتنの接続法現在形の肯定形はداشتنの過去分詞داشتهに、動詞بودنの現在語幹باشと人称語尾を付けて作られ、否定形は肯定形における過去分詞داشتهにنَを付けて作られます。

③一般動詞の接続法現在形肯定形は現在語幹にبِを付けて、接続法否定形はنَを付けて作られます。動詞بودن、動詞داشتن、一般動詞で形が異なりますので注意してください。第14課以降で具体的な用法について学びます。

上記の注意を含めて動詞の接続法現在形の人称変化について次の表にまとめました。

接続法現在形の肯定形の人称変化

	動詞بودن	動詞داشتن	一般動詞(رفتن)
1人称単数	باشم /bāsh-am/	داشته باشم /dāshte bāsh-am/	بروم /be-rav-am/
2人称単数	باشی /bāsh-ī/	داشته باشی /dāshte bāsh-ī/	بروی /be-rav-ī/
3人称単数	باشد /bāsh-ad/	داشته باشد /dāshte bāsh-ad/	برود /be-rav-ad/
1人称複数	باشیم /bāsh-īm/	داشته باشیم /dāshte bāsh-īm/	برویم /be-rav-īm/
2人称複数	باشید /bāsh-īd/	داشته باشید /dāshte bāsh-īd/	بروید /be-rav-īd/
3人称複数	باشند /bāsh-and/	داشته باشند /dāshte bāsh-and/	بروند /be-rav-and/

※接続法現在形肯定形の一般動詞が複合動詞である場合などは、بِが省略されることがあります。

شما باید به او کمک کُنید.

あなたは彼（彼女）を助けないといけない。

接続法現在形の否定形の人称変化

	بودن 動詞	داشتن 動詞	一般動詞(رفتن)
1人称単数	نباشم /na-bāsh-am/	نداشته باشم /na-dāshte bāsh-am/	نروم /na-rav-am/
2人称単数	نباشی /na-bāsh-ī/	نداشته باشی /na-dāshte bāsh-ī/	نروی /na-rav-ī/
3人称単数	نباشد /na-bāsh-ad/	نداشته باشد /na-dāshte bāsh-ad/	نرود /na-rav-ad/
1人称複数	نباشیم /na-bāsh-īm/	نداشته باشیم /na-dāshte bāsh-īm/	نرویم /na-rav-īm/
2人称複数	نباشید /na-bāsh-īd/	نداشته باشید /na-dāshte bāsh-īd/	نروید /na-rav-īd/
3人称複数	نباشند /na-bāsh-and/	نداشته باشند /na-dāshte bāsh-and/	نروند /na-rav-and/

(13.2) 接続法完了形

接続法完了形は、過去の事柄について、可能、希望、義務、推量など、その行為の完遂を話し手が確認しきれていない場合に使われます。接続法完了形には肯定形と否定形があります。

【注意】

①動詞بودن及び一般動詞の接続法完了形、その過去分詞に現在語幹باشと人称語尾を付けて作られます。

②過去分詞は、過去語幹にـه/e/を付けて作られます。例えば、رفتن- روの過去分詞はرفته/rafte/となります。接続法完了形1人称単数の肯定形はرفته باشمとな

り、否定形はنرفته باشمとなります。

　上記の注意を含めて動詞の接続法完了形の人称変化について次の表にまとめました。

接続法完了形の肯定形の人称変化

	動詞بودن	一般動詞(رفتن)
1人称単数	بوده باشم /būde bāsh-am/	رفته باشم /rafte bash-am/
2人称単数	بوده باشی /būde bāsh-ī/	رفته باشی /rafte bāsh-ī/
3人称単数	بوده باشد /būde bāsh-ad/	رفته باشد /rafte bāsh-ad/
1人称複数	بوده باشیم /būde bāsh-īm/	رفته باشیم /rafte bāsh-īm/
2人称複数	بوده باشید /būde bāsh-īd/	رفته باشید /rafte bāsh-īd/
3人称複数	بوده باشند /būde bāsh-and/	رفته باشند /rafte bāsh-and/

※動詞داشتنには接続法完了形肯定形の形はありません。
※動詞بودنの接続法完了形肯定形はほとんど使われません。

接続法完了形の否定形の人称変化

	動詞بودن	一般動詞(رفتن)
1人称単数	نبوده باشم /na-būde bāsh-am/	نرفته باشم /na-rafte bash-am/
2人称単数	نبوده باشی /na-būde bāsh-ī/	نرفته باشی /na-rafte bāsh-ī/
3人称単数	نبوده باشد /na-būde bāsh-ad/	نرفته باشد /na-rafte bāsh-ad/
1人称複数	نبوده باشیم /na-būde bāsh-īm/	نرفته باشیم /na-rafte bāsh-īm/
2人称複数	نبوده باشید /na-būde bāsh-īd/	نرفته باشید /na-rafte bāsh-īd/
3人称複数	نبوده باشند /na-būde bāsh-and/	نرفته باشند /na-rafte bāsh-and/

※動詞داشتنには接続法完了形否定形の形はありません。
※動詞بودنの接続法完了形否定形はほとんど使われません。

13

13.3 命令形

　命令形には、肯定形、否定形（禁止）とも2人称単数または2人称複数しかありません。命令形は接続法と同様に現在語幹の前にبـが付く形となります。2人称複数には接続法と同様に人称語尾を付けますが、2人称単数には、人称語尾を付けません。動詞بودن、動詞داشتن、一般動詞で形が異なりますので注意してください。

【注意】

①動詞بودنの命令形の肯定形は、現在語幹باشを使って作られます。否定形は肯定形にنـを付けて作られます。

②動詞داشتنの命令形の肯定形は、داشتنの過去分詞داشتهに、動詞بودنの現在語幹باشを使って作られます。否定形は肯定形における過去分詞داشتهにنـを付けて作られます。

③一般動詞の命令形の肯定形は現在語幹にبـを付けて作られます。否定形はنـを付けて作られます。

④命令形の2人称単数肯定形では、بُرو/bo-rou/、بُکُن /bo-kon/、بُخور/bo-khor/のように、動詞によっては、بـ/be/ではなく、بُـ/bo/と発音することがありますので注意しましょう。特に2人称単数の命令形には変則的なものがありますので、書き方と読み方について次の表にまとめました。

命令形の2人称単数の例

不定形と現在語幹	肯定形	否定形
بودَن- باش	باش /bāsh/	نباش /na-bāsh/
داشتن- دار	داشته باش /dāshte bāsh/	نداشته باش /na-dāshte bāsh/
رَفتن- رو	بُرو /bo-rou/	نرو /na-rou/
کَردَن- کُن	بُکن /bo-kon/	نکن /na-kon/
خوردَن- خور	بُخور/bo-khor/ بِخور/be-khor/	نخور /na-khor/
آمَدَن- آ	بیا /bi-yā/	نیا /na-yā/
آوردَن- آور	بیاور /bi-yāvar/	نیاور /na-yāvar/
گُفتَن- گو	بگو /be-gū/	نگو /na-gū/
دادَن- دِه	بده /be-de/	نده /na-de/

به بازار برو.

市場に行きなさい。（命令）

به بازار نرو.

市場へ行ってはいけません。（禁止）

13

練習問題

1．命令形を使って6語以上のペルシア語の文章を作文してください。

［基礎単語］　身に着けるもの

كلاه　/kolāh/　帽子　　　　　　　كمربند　/kamarband/　ベルト

روسرى　/rūsarī/　スカーフ　　　　عينک　/'eynak/　眼鏡

شلوار　/shalvār/　ズボン　　　　　انگشتر　/angoshtar/　指輪

كفش　/kafsh/　靴

山へ行こう！

竹原　新

　「今度、一緒に山へ行こう！」イラン人の個人や家族と少し仲良くなったら、聞くことの多いフレーズです。しかも、このフレーズは、多くの場合、爽やかな笑顔と共に発せられます。これを初めて聞いた日本人の多くは、山登りがよほど好きな方でなければ、「えっ？山？なんでまた山？」と妙な感覚を覚えるに違いありません。この違和感の正体は何でしょうか。

　山ではなく、「今度、一緒に海へ行こう！」ならどうでしょうか。ニュアンスは少し変わってきます。日本人にとっての海は、開放感や外国とのつながりを連想させ、なぜか気持ちをウキウキさせるものです。民俗学的な表現をしますと、海は日本人にとって代表的で身近な境界なのです。もちろん、山も境界的機能を持ちますが、一般的には、山より海の方が、ウキウキ感があるのではないかと思います。

　さて、イランでは、カスピ海やペルシア湾をはじめ、水界は沢山あるのですが、多くの内陸の人たちにとってはあまり身近なものではありません。例えば、テヘランでは近くの海と言えばカスピ海であり、ウキウキ感は十分あるのですが、テヘランからクルマで何時間もかかり、手軽に行けるような場所ではありません。

　ところが、同じ境界の機能を持つ山、例えば、テヘランならアルボルズ山脈はどこからでも見えます。多くのイラン人にとって、山は海に比べて圧倒的に身近な境界なのです。イラン人の「山へ行こう！」は、日本人の「海へ行こう！」と同様の開放感やウキウキ感を伴っているのです。だから、イラン人に笑顔で「山へ行こう！」と言われても、特にイラン初心者の日本人は、このウキウキ感を咄嗟に共有できず、違和感を覚えるのでしょう。

14 可能、希望

講読

خریدِ ماشین

خانه‌ی آقای ساعدی از محلّ کارش دور است. او با دوچرخه به محلّ کارش می‌رود. ولی چون راه دور است، گاهی خسته می‌شود. روزهای بارانی یا گرم هم با دوچرخه رفتن سخت می‌شود. برای همین، آقای ساعدی می‌خواهد یک ماشین بخرد و با ماشین به محلّ کارش برود. همچنین اگر آقای ساعدی ماشین بخرد، خانواده‌ی آقای ساعدی می‌توانند در تعطیلات با ماشین خودشان به گردش یا مسافرت بروند. دو ماه پیش، آقای ساعدی گواهینامه‌ی رانندگی گرفت. در ایران، برخلافِ ژاپن، ماشین‌ها از طرفِ راستِ جادّه می‌رانند. آقای ساعدی می‌خواهد به رانندگی در ژاپن عادت بکند.

آقای ساعدی و همسرش ریحانه خانم به یک فروشگاه ماشین در اوساکا رفتند. فروشنده‌ی ماشین یک ایرانی به نامِ هوشنگ بود. آنها چند ماشین ژاپنی و خارجی را دیدند. ریحانه خانم ماشین کوچک دوست داشت. اما چون خانواده‌ی چهار نفری هستند، یک ماشین جادار خریدند. شهرام و باران خیلی خوشحال شدند.

در فروشگاه ماشین

هوشنگ: سلام، خوش آمدید. بفرمایید.

آقای ساعدی: سلام.

هوشنگ: خوش آمدید.

آقای ساعدی و ریحانه خانم: متشکرم.

هوشنگ: بسیار خوب. چه ماشینی می‌خواهید بخرید؟

آقای ساعدی: یک ماشین زیبا و جادار.

هوشنگ: این سدان چطور است؟

ریحانه خانم: سدان خیلی خوب است. اما گران است و نمی‌توانیم آن را بخریم.

هوشنگ: این مُدِل چطور است؟ این مُدِل زیاد طرفدار دارد.

آقای ساعدی: این مُدِل خیلی زیباست. قیمتش چند است؟

هوشنگ: قابلی ندارد.

ریحانه خانم: خیلی ممنون.

هوشنگ: سه میلیون و پانصد هزار ین. ارزان است گران نیست.

آقای ساعدی: کمی گران است. تخفیف بدهید.

هوشنگ: به شما سیصد هزار ین تخفیف می‌دهم.

ریحانه خانم: خیلی ممنون.

آقای ساعدی: متشکرم. این را می‌خریم.

هوشنگ: خیلی متشکرم. مُبارَک باشد.

14

単語・表現

محلّ /mahall/ 場所

دوچرخه /docharkhe/ 自転車

سخت شدن /sakht shodan/ 難しくなる

ماشین /māshīn/ 自動車

مسافرت /mosāferat/ 旅行

گواهینامه /govāhīnāmeh/ 免許証

رانندگی /rānandegī/ 運転

برخلافِ... /bar khelāf-e/ ～に反して

از طرفِ /az taraf-e/ ～の方から

راست /rāst/ 右

جادّه /jādde/ 道

عادت کردن /'ādat kardan/ 慣れる

خارجی /khārejī/ 外国の、外国人

جادار /jādār/ 広い

فروشگاه ماشین /forūshgāh-e māshīn/ 自動車販売店

فروشنده /forūshande/ 販売員、店員

به نام... /be nām-e/ ～という名前で

هوشنگ /hūshang/ フーシャング（人名）

فرمودن- فرما /farmūdan/-/farmā/ 命じる、おっしゃる（「言う」の尊敬表現、بفرمایید で「どうぞ」という意味にもなります。）

سدان /sedān/ セダン

گران /gerān/ 高価格な

مُدل /model/ （製品の）モデル

قیمت /qeimat/ 値段

طرفدار داشتن /tarafdār/ 人気がある

میلیون /mīlyūn/ 1,000,000（100万）

ین /yen/ 円（日本の通貨）

تخفیف دادن /takhfīf dādan/ 値引きする

ارزان /arzān/ 低価格な

مبارک باشد /mobārak bāshad/ おめでとう

▌要点

①アラビア語の名詞の複数形をそのまま使うことがあります。

تعطیلات /ta'tīlāt/ 休み、休暇（تعطیل の複数）

②خود は再帰代名詞となります。強調の意味になります。

من خودم رانندگی کردم.
私自身が運転した。（主語の「私」を強調）

من ماشین خودم را رانندگی کردم.

私は私自身の車を運転した。（「私の」を強調）

③ندارد قابلیまたはندارد قابلیを直訳すると「（お支払いいただくようなことに）
　値しません」になりますが、タクシーの運転手や店員などにこう言われても真
　に受けてはいけません。むしろ料金の支払いを催促する意味合いがあります。

文法——可能・希望

　この課では、「〜できる」という可能の表現と「〜したい」という希望の表
現について学習します。

14.1　助動詞توانستن　（可能）

　「〜できる」という意味の動詞توانستن-توان/tavānestan/-/tavān/を助動詞とし
て使うことで、「〜できる」という表現をすることができます。「〜できる」
という表現においては、その行為が可能であることに言及しているだけで、話
し手がその行為の完遂を確認したわけではありません。このため本動詞は接続
法が使われます。

可能表現の肯定形の人称変化（本動詞がرفتنの場合）

	現在形	過去形
1人称単数	می‌توانم بروم	توانستم بروم
2人称単数	می‌توانی بروی	توانستی بروی
3人称単数	می‌تواند برود	توانست برود
1人称複数	می‌توانیم برویم	توانستیم برویم
2人称複数	می‌توانید بروید	توانستید بروید
3人称複数	می‌توانند بروند	توانستند بروند

※助動詞と本動詞の両方を人称変化させます。原則として、未来形は現在形で代用します。

可能表現の否定形の人称変化（本動詞が رفتن の場合）

	現在形	過去形
1 人称単数	نمی‌توانم بروم	نتوانستم بروم
2 人称単数	نمی‌توانی بروی	نتوانستی بروی
3 人称単数	نمی‌تواند برود	نتوانست برود
1 人称複数	نمی‌توانیم برویم	نتوانستیم برویم
2 人称複数	نمی‌توانید بروید	نتوانستید بروید
3 人称複数	نمی‌توانند بروند	نتوانستند بروند

※助動詞と本動詞の両方を人称変化させますが、否定辞(ن)は助動詞のみに付けます。原則として、未来形は現在形で代用します。

می‌توانم فارسی بخوانم.
私はペルシア語を読むことができます。

※助動詞は本動詞の前にある必要があります。主語の直後に置くと違和感がないでしょう。主語が省略されている場合は、本来、主語があるべき場所の直後に置いてください。

(14.2) 助動詞 خواستن （希望）

「〜を望む」という意味の動詞 خواستن-خواه /khāstan/-/khāh/ を助動詞として使うことで、「〜したい」という表現をすることができます。「〜したい」という表現においては、話し手がその行為を決意または希望しているだけの段階であり、確実に実行に移すかどうかは未定です。このため本動詞は接続法が使われます。

希望表現の肯定形の人称変化（本動詞がرفتنの場合）

	現在形	過去形
1人称単数	می‌خواهم بروم	خواستم بروم
2人称単数	می‌خواهی بروی	خواستی بروی
3人称単数	می‌خواهد برود	خواست برود
1人称複数	می‌خواهیم برویم	خواستیم برویم
2人称複数	می‌خواهید بروید	خواستید بروید
3人称複数	می‌خواهند بروند	خواستند بروند

※助動詞と本動詞の両方を人称変化させます。助動詞と本動詞の人称は一致しないこともあります。原則として、未来形は現在形で代用します。

希望表現の否定形の人称変化（本動詞がرفتنの場合）

	現在形	過去形
1人称単数	نمی‌خواهم بروم	نخواستم بروم
2人称単数	نمی‌خواهی بروی	نخواستی بروی
3人称単数	نمی‌خواهد برود	نخواست برود
1人称複数	نمی‌خواهیم برویم	نخواستیم برویم
2人称複数	نمی‌خواهید بروید	نخواستید بروید
3人称複数	نمی‌خواهند بروند	نخواستند بروند

※助動詞と本動詞の両方を人称変化させますが、否定の(نـ (نـ))は助動詞のみに付けます。助動詞と本動詞の人称は一致しないこともあります。原則として、未来形は現在形で代用します。

A. 助動詞と本動詞の人称が一致する場合

می‌خواهم به کتابخانه بروم.
私は図書館に行きたいです。

B. 助動詞と本動詞の人称が異なる場合

می‌خواهم تو به کتابخانه بروی.
私は君に図書館へ行ってほしいです。

1．助動詞توانستنを使って6語以上のペルシア語文を作文してください。

2．助動詞خواستنを使って6語以上のペルシア語文を作文してください。

［基礎単語］　食事

شام　/shām/　夕食

آش　/āsh/　スープ

سالاد　/sālād/　サラダ

پلو　/polou/　ピラフ

نان　/nān/　パン

ترشی　/torshī/　漬物

ماست　/māst/　ヨーグルト

پنیر　/panīr/　チーズ

شیر　/shīr/　ミルク

タアーロフという譲り合いの文化

Jahedzadeh

　学習者には言語を習得する上で言語能力以外に向上が必要とされるもう1つの能力があります。それは、習得した言語をどの場面で、どのように使って気持ちを表すのかという言語の文化的な背景を知る能力です。日本には独自の社交辞令があり、それに従えばより良い人間関係を築くことができるとされています。同様に、イランにはタアーロフ(تعارف) という文化があります。タアーロフし合うことで人間関係を円滑に保持できると言えます。タアーロフとは、常に相手の存在を意識し、気配りをして丁寧に接するという気づきの文化のことです。したがって、相手の存在を無視するということはタアーロフと正反対の行動をとることを意味してしまいます。

　特にタアーロフが交わされるのは食事の際、乗り物に乗る際、持ち物が褒められた、または欲しがられた際、順番を譲る際、買い物する時に店員に対応される際などです。

　具体的な例をあげましょう。一人で食事をする時に周りの人にبفرمایید といって「誘う」気持ちをアピールする、建物への出入り、タクシー、バス、エレベーターなどから乗り降りする時にبفرمایید と言って「お先にどうぞ」という気持ちを伝える、買ったばかりの物（例えばカバンなど）が褒められたら、قابلی ندارد (お譲りしましょうか)と相手に気を遣う、順番や席を特に年配の方や妊婦、障害者にبفرمایید と譲るなどがその具体的なタアーロフの礼儀に当たります。もちろん、赤の他人に対して気を使う必要はありませんが、敢えてタアーロフして隣の人との会話の口火を切るイラン人もいます。また、これらの場面でタアーロフされて譲られたら خیلی متشکرم と丁寧に断るのが礼儀で、原則として真に受けてはいけません。しかし、誘われたり、譲られたりした時のタアーロフは、ただの礼儀なのか、それとも本音なのかイラン人にも判断するのが難しいところがありますが、最初の2、3回断るのは無難です。第14課の会話で店員のهوشنگ さんが、車の値段を聞かれて、最初にقابلی ندارد（お支払いいただくようなことに）と言いますが、ریحانه さんは خیلی ممنون と言って丁寧に断っています。第22課の会話でも同様にチケットを売るイラン人がタカシにقابلی ندارد とタアーロフしていますが、タカシがお礼を述べて上手に断っていますよね。

15 義務、推量（確信）

CD 30 | 講読

ماهِ رمضان

ماهِ رمضان یکی از ماه‌های اسلامی است. مسلمانان در ماهِ رمضان روزه می‌گیرند و از حدودِ دو ساعت پیش از طلوعِ آفتاب تا اذانِ مغرب نه می‌خورند و نه می‌نوشند. اکثرِ ایرانی‌ها مسلمان هستند و در ماهِ رمضان روزه می‌گیرند. در دینِ اسلام، دختران از نُه سالگی و پسران از پانزده سالگی نماز می‌خوانند و روزه می‌گیرند.

در ماهِ رمضان خانم ریحانه ساعت پنج صبح از خواب بیدار می‌شود و غذا درست می‌کند. به این غذا سحری می‌گویند. آقای ساعدی و ریحانه خانم سحری می‌خورند و تا غروب آفتاب نباید غذا بخورند و یا آب بنوشند. بعد از اذان مغرب آنها غذا می‌خورند. به این غذا افطاری می‌گویند. آش و حلیم از غذاهای خوشمزه‌ی ماه رمضان هستند. فرنی دسر مخصوصِ افطاری است. فرنی را از آردِ برنج درست می‌کنند. رویِ فرنی مربای گُل می‌ریزند و می‌خورند. از دیگر خوراکی‌های ماهِ رمضان، شیرینی زولبیا و بامیه است.

CD 31

من روزه هستم

تاکاشی و ساکورا: سلام، استاد ساعدی.

آقای ساعدی: سلام، خانمِ سوزوکی و آقای ماتسوئی. خوب هستید؟

ساکورا: خیلی متشکریم. خوبیم.

تاکاشی: استاد ساعدی کمی وقت دارید؟

آقای ساعدی: بله وقت دارم. چطور؟

ساکورا: ما می‌خواهیم شما را به ناهار دعوت بکنیم.

تاکاشی: لطفاً باهم ناهار بخوریم. ما با همکلاسی‌ها بیست نفر هستیم.

آقای ساعدی: خیلی فکر خوبی است، ولی...

ساکورا: ولی چی؟

آقای ساعدی: متأسّفانه نمی‌توانم بیایم. چون من امروز روزه هستم و نباید تا غروب چیزی بخورم یا بنوشم.

تاکاشی: که این طور.

ساکورا: باشد.

آقای ساعدی: انشاءالله یک هفته‌ی دیگر ماه رمضان تمام می‌شود. آن وقت می‌توانیم باهم ناهار بخوریم.

تاکاشی و ساکورا: بله، انشاءالله.

単語・表現

ماه رمضان /māh-e ramezān/ (/māh-e ramazān/)　ラマザーン月
（イスラム暦の第9月）

اسلام /eslām/　イスラム教

اسلامی /eslāmī/　イスラム教の

مسلمان /moslemān/　イスラム教徒

روزه گرفتن /rūze gereftan/　断食をする

حُدود /hodūd-e/　約〜、おおよそ〜

طلوع آفتاب /tolū'e āftāb/　日の出

اذان /azān/　アザーン、礼拝への呼びかけ

مغرب /maghreb/　日没時、西

اکثر /aksar/　大部分

دین /dīn/　宗教

...سالگی /sālegī/　〜才

نماز خواندن /namāz khāndan/　礼拝する、お祈りをする

سحری /sahrī/　断食前の朝食

غروب آفتاب /ghorūb-e āftāb/　日没

افطاری /eftārī/　断食後の夕食

حلیم /halīm/　ハリーム（料理の名前）

فرنی /fernī/　フェルニー（お菓子の名前）

دسر /deser/　デザート

مخصوص /makhsūs/　特別の

آرد /ārd/　粉、小麦粉

برنج /berenj/　米

درست کردن /dorost kardan/　作る

مربّا /morabbā/　ジャム

خوراکی /khorākī/　食べ物

زولبیا /zūlbiyā/　ズールビヤー（お菓子の名前）

بامیه /bāmiye/　バーミイェ（お菓子の名前）

دعوت کردن /da'vat kardan/　招待する

لطفاً /lotfan/　どうぞ（要請する動詞と共に）

متأسّفانه /mota'assefāne/　残念ながら

انشاءالله /enshā'allāh/　多分、きっと（元は「神の思し召しがあれば」の意味）

تمام شدن /tamām shodan/　終わる

▌要点

「そちらへ行きます」、「一緒に行きます」という表現では、原則として、動詞はآمدنを使います。日本語と異なりますので注意してください。

امروز پیشِ شما می‌آیم.
今日、私はあなたのところに行きます。

با تو به سینماِ می‌آیم.
私は君と一緒に映画館へ行きます。

文法——義務、推量（確信）

　この課では、助動詞として使われるباید/bāyad/を用いた「～ねばならない」、「～にちがいない」という意味の表現について学習します。義務、推量（確信）の表現においては、話し手がその行為の完遂を確認したわけではありません。このため本動詞は接続法が使われます。

15.1) 現在または未来における義務、推量（確信）

　باید を用いた現在から未来にかけて義務、または、起こると推量（確信）されることについての表現では本動詞は接続法現在形を使い、次のような人称変化となります。

現在または未来における義務、推量（確信）の人称変化

	肯定形	否定形
1人称単数	باید بروم	نباید بروم
2人称単数	باید بروی	نباید بروی
3人称単数	باید برود	نباید برود
1人称複数	باید برویم	نباید برویم
2人称複数	باید بروید	نباید بروید
3人称複数	باید بروند	نباید بروند

※否定の(ن)はباید のみに付けます。

باید به کاشان بروم.
私はカーシャーンに行かねばならない。

15.2 過去における推量（確信）

بایدを用いた過去における起こったと推量（確信）されることについての表現では、本動詞は接続法完了形が使われます。この場合、義務の意味はありません。

過去における推量（確信）の人称変化

	肯定形	否定形
1人称単数	باید رفته باشم	نباید رفته باشم
2人称単数	باید رفته باشی	نباید رفته باشی
3人称単数	باید رفته باشد	نباید رفته باشد
1人称複数	باید رفته باشیم	نباید رفته باشیم
2人称複数	باید رفته باشید	نباید رفته باشید
3人称複数	باید رفته باشند	نباید رفته باشند

※否定の(ن)はبایدのみに付けます。

او دیروز باید به مدرسه رفته باشد.

彼（彼女）は昨日学校へ行ったに違いない。

●・・・・・・・・・・・・・・・・・・・ 練 習 問 題 ・・・・・・・・・・・・・・・・・・・●

1. بایدを使って6語以上のペルシア語文を作文してください。

［基礎単語］ 食器

قاشق /qāshoq/ スプーン

چنگال /changāl/ フォーク

کارد /kārd/ ナイフ

بشقاب /boshqāb/ 皿

لیوان /līvān/ コップ

فنجان /fenjān/ ティーカップ

سینی /sīnī/ 盆

15

16

可能性、推量（非確信）

....

講読

اصفهان، نصفِ جهان

اصفهان یکی از شهرهای تاریخیِ ایران است و بیشتر مسافران خارجی این شهرِ تاریخی را می‌بینند. این شهر در مرکز ایران قرار دارد و قبل از تهران، چند صد سال پایتخت ایران بوده است. اصفهان مساجد زیادی دارد. یکی از معروف‌ترین مساجد اصفهان، مسجد شیخ لطف‌الله است. میدان امام یکی از دیدنی‌ترین جاهای اصفهان است. اطرافِ میدان امام بازار اصفهان است. این بازار مغازه‌های زیادی دارد. در این مغازه‌ها صنایع دستی مثل فرش، گلیم، میناکاری، خاتم‌کاری و قلم‌زنی می‌فروشند. میناکاری، خاتمکاری و قلم‌زنی از هنرهای اصیل و بی‌نظیرِ اصفهان است.

امسال، ساکورا، تاکاشی و پونه می‌خواهند به اصفهان بروند. شاید ماری، دوست آمریکاییِ ساکورا هم با آنها به اصفهان برود. ماری هم می‌خواهد اصفهان را ببیند. ماری دورگه‌ی ایرانی‌آمریکایی است. پدر ماری ایرانی و مادرش آمریکایی است. او ماه پیش به ژاپن آمد و هنوز نمی‌تواند خوب ژاپنی صحبت بکند. ولی فارسی را خوب صحبت می‌کند.

تلفن

ساکورا: الو، سلام.

ماری: سلام.

ساکورا: خوبی، ماری؟

ماری: مرسی، خوبم. تو خوبی؟

ساکورا: مرسی من هم خوبم. ما در تابستان می‌خواهیم به اصفهان مسافرت کنیم.

ماری: واقعاً. من هم می‌خواهم به اصفهان بروم.

ساکورا: چه خوب! ما می‌خواهیم اوّل به اصفهان برویم. بعد به شیراز و یزد هم مسافرت بکنیم.

ماری: بله، یزد و شیراز هم شهرهای زیبای ایران هستند.

ساکورا: شاید به کاشان هم برویم. شهرِ استاد ساعدی.

ماری: خوب است. من هم می‌آیم. می‌خواهم از کاشان گلاب بخرم.

単語・表現

اصفهان　/esfahān/　イスファハーン（地名）

نصف　/nesf/　半分

جهان　/jahān/　世界

مرکز　/markaz/　中心

پایتخت　/pāytakht/　首都

قرار داشتن　/qarār dashtan/　位置する

مساجد　/masājed/　（複数の）モスク（مسجدの複数形）

معروف　/ma'rūf/　有名な

مسجد شیخ لطف‌الله　/masjed-e sheikh lotfollāh/　シェイフ・ロトフォッラーモスク（モスクの名前）

اطراف　/atrāf/　周辺

مغازه　/maghāze/　お店

گلیم　/gelīm/　キリム

میناکاری　/mīnākārī/　エナメル（ホーロー）細工

خاتم‌کاری　/khātamkārī/　象眼細工

قلم‌زنی　/qalamzanī/　金属工芸

اصیل　/asīl/　真の、純種の

بی‌نظیر　/bīnazīr/　類のない、独自の

مسافر　/mosāfer/　旅人、旅行者

سفر　/safar/　旅行

تاریخی　/tārīkhī/　歴史の、歴史的な

آمریکایی　/āmrikāī/　アメリカ人、アメリカの

دورگه　/dorage/　混血（の）

صحبت کردن　/sohbat kardan/　話す、会話する

شیراز　/shīrāz/　シーラーズ（地名）

یزد　/yazd/　ヤズド（地名）

هنوز　/hanūz/　まだ

文法──可能性、推量（非確信）

　この課では、شاید/shāyad/という副詞の助動詞的用法を用いた「～かもしれない」、「～だろう」という意味の表現について学習します。可能性、推量（非確信）の表現においては、話し手がその行為の完遂を確認したわけではありません。このため動詞は原則として接続法が使われます。

16.1 現在または未来における可能性、推量（非確信）

　شایدを用いた現在から未来にかけて起こる可能性がある、または、起こると推量（非確信）されることについての表現では本動詞は接続法現在形を使い、次のような人称変化となります。

現在または未来における可能性、推量（非確信）の人称変化

	肯定形	否定形
1人称単数	شاید بروم	شاید نروم
2人称単数	شاید بروی	شاید نروی
3人称単数	شاید برود	شاید نرود
1人称複数	شاید برویم	شاید نرویم
2人称複数	شاید بروید	شاید نروید
3人称複数	شاید بروند	شاید نروند

※شاید自体は変化しません。

او شاید امسال به ایران برود.
彼（彼女）は今年きっとイランへ行くだろう。

او شاید امسال به ایران نرود.
彼（彼女）は今年きっとイランへ行かないだろう。

16.2 過去における可能性、推量（非確信）

شایدを用いた過去に起こった可能性がある、または、起こったと推量されることについての表現では本動詞は接続法完了形が使われます。

過去における可能性、推量（非確信）の人称変化

	肯定形	否定形
1人称単数	شاید رفته باشم	شاید نرفته باشم
2人称単数	شاید رفته باشی	شاید نرفته باشی
3人称単数	شاید رفته باشد	شاید نرفته باشد
1人称複数	شاید رفته باشیم	شاید نرفته باشیم
2人称複数	شاید رفته باشید	شاید نرفته باشید
3人称複数	شاید رفته باشند	شاید نرفته باشند

※شاید自体は変化しません。

او شاید پارسال به ایران رفته باشد.

彼（彼女）は昨年きっとイランへ行ったのだろう。

او شاید پارسال به ایران نرفته باشد.

彼（彼女）は昨年きっとイランへ行かなかったのだろう。

練 習 問 題

1. شاید を使って6語以上のペルシア語文を作文してください。

[基礎単語] 地理

رودخانه	/rūdkhāne/ 川	جزیره	/jazīre/ 島
صحرا	/sahrā/ 砂漠	جنگل	/jangal/ 森
دریاچه	/daryāche/ 湖	خلیج	/khalīj/ 湾
تپّه	/tappe/ 丘	چِشمه	/cheshme/ 泉

助動詞について

Jahedzadeh

　文を車に例えるとしたら「動詞」はそのエンジンに当たるでしょう。そのぐらい文の成立における動詞の役割は大きいです。動詞には文法的な機能のみを表す助動詞と意味的な内容を表す本動詞があります。我々は、世の様々な現象を、本動詞のみで表す（言表する）こともあれば、助動詞と本動詞を組み合わせて言表することもあります。特に、能力、義務、願望、推測などといった状況を表すのに助動詞と本動詞を組み合わせて使うことが多いです。ペルシア語の助動詞には、能力を表すتوانستن、願望・希望を表すخواستن、義務を表すبايدや推測を表すشايدなどがあります。これらの助動詞の本動詞は接続法となります。ほかに、時制を表すのに用いられるداشتنやبودنも助動詞になりますが、本動詞は接続法にはなりません。

　ペルシア語の助動詞は規則的に時制変化や人称変化をしないので注意が必要です。同じ助動詞でも時制変化するものとそうでないもの、人称語尾がつくものとそうでないもの、否定の接頭辞のنを付けられるものとそうでないもの、形態論的な特徴はそれぞれです。例えば、توانستنとخواستنは時制変化も人称変化もする上、否定の接頭辞も受けるのです。（例：پارسال من من نمی توانستم فارسی بخوانم.）

　また、命令・義務を表す助動詞にبايدという助動詞があります。中世ペルシア語のabāyestan→bāyestanという動詞の現在直説法3人称単数میبايدのمیが脱落してできた助動詞ですが、現代ペルシア語でنبايد به خانه بروم.のような人称変化はしません。بايد به دانشگاه میرفتی.のように、そのまま過去形でも使えます。さらに、بايد の代わりに、میبايستの未完了過去形3人称単数میبايستのمیが脱落した形のبايستが使われることもあります。場合によってはیがついてبايستیやمیبايستی という形で表れることがありますが、現代ペルシア語では過去と現在の使い分けがされません。したがって、下記の文はどの助動詞の場合でも「あなたは大学に行くべきでした」という意味になります。

تو (بايد/ بايست/ بايستی/ میبايست/ میبايستی) به دانشگاه میرفتی.

　このほか、時制変化も起こさず、人称語尾もとらず、否定接頭辞のنもつかない文法化の結果できたشايدという語があります。شايدはشايستنという動詞の3人称単数形の固定化した形であり、動詞としては、شايسته بودن...（〜は適切である）以外の形は使われません。شايدはもはや助動詞と呼べないぐらい動詞的な特徴を

失っており「推測を表す」副詞として扱われることすらあります。

（例：شاید او رفته باشد. あるいは、شاید او برود.）

　これらの語の特徴を以下の表にまとめました。表にありますようにشایدと他の助動詞の共通点は本動詞を接続法にすることだけです。

意味	能力	願望	義務・強制	推測
助動詞	توانستن	خواستن	باید	شاید
時制変化する	○	○	×	×
人称変化する	○	○	×	×
否定形になる	○	○	○	×
本動詞を接続法にする	○	○	○	○

イスファハーンのスィーオセポル

イスファハーン州のマランジャーブ砂漠

ザーヤンデルード川にかかっているスィーオセポル

17

| 講読

جشنِ نوروز

امروز اول فروردین برابر با بیست و یکم ماه مارس و آغازِ سالِ نویِ ایرانی است. به این روز، نوروز می‌گویند. هر سال اوّلِ فروردین سال نوی ایرانی آغاز می‌شود. جشن نوروز یکی از مهم‌ترین جشن‌های ایرانی‌هاست و همه‌ی ایرانی‌ها آن را جشن می‌گیرند. ایرانی‌ها نوروز را با خانواده، فامیل و دوستانشان جشن می‌گیرند. آنها برای عیددیدنی به خانه‌ی خویشاوندان و دوستان خود می‌روند و سال نو را به آنها تبریک می‌گویند.

پونه امسال در ژاپن و دور از خانواده‌اش است. او به پدر و مادرش تلفن کرد و سال نو را به آنها تبریک گفت. آنها نیز سال نو را به پونه تبریک گفتند و برای پونه آرزوی سلامتی و موفّقیّت کردند.

پونه و دیگر دوستان ژاپنی و خارجی‌اش باهم جمع شدند و نوروز را در ژاپن جشن گرفتند. پونه برای دوستان خود سبزی‌پلو با ماهی و خورشت فسنجان پُخت. ساکورا و تاکاشی خیلی خوشحال بودند. آنها غذای ایرانی خوردند و برای اوّلین بار جشن نوروز را تجربه کردند. غذای ایرانی پونه خیلی خوشمزه بود.

امروز جشن نوروز است

ساکورا: الو.

تاکاشی: الو، سلام.

ساکورا: سلام، چطوری؟

تاکاشی: خوبم. متشکرم.

ساکورا: الان داری چکار می‌کنی؟

تاکاشی: دارم تلویزیون نگاه می‌کنم. تو چطور؟

ساکورا: من دارم به جشن نوروز می‌روم. تو نمی‌آیی؟

تاکاشی: چرا. من هم می‌آیم.

ساکورا: پس، جلویِ گل‌فروشی منتظرِ تو هستم.

تاکاشی: متشکرم. زود می‌آیم.

***

ساکورا: یک دسته گل برای پونه بخریم.

تاکاشی: خیلی خوب است. بخریم.

ساکورا: گل رُز خوب است. نه؟

تاکاشی: آره، خیلی زیباست.

ساکورا: پس این گل رُز را بخریم.

تاکاشی: به نظرِ من هم خوشگِل است. بخریم.

▌単語・表現

17

فروردین /farvardīn/ ファルヴァルディーン月（イラン暦第1月）

مارس /mārs/ 3月（西暦）

آغاز /āghāz/ 始まり、最初

نو /nou/ 新しい

جشن /jashn/ 祭り、祝い

جشن گرفتن /jashn gereftan/ 祝う

فامیل /fāmīl/ 親戚（家族以外の親戚）

عید /'eid/ 祭日、祝日

عیددیدنی /'eid dīdanī/ 年始回り

تبریک /tabrīk/ 祝い

تبریک گفتن /tabrīk goftan/ お祝いを伝える

نیز... ‏ /nīz/ ～も

آرزو کردن ‏ /ārezū kardan/ 願う

سلامتی ‏ /salāmatī/ 健康

موفّقیّت ‏ /movaffaqiyat/ 成功

جمع شدن ‏ /jam' shodan/ 集まる

ماهی ‏ /māhī/ 魚

سبزی‌پلو با ماهی ‏ /sabzīpolou bā māhī/ サブズィーポロウ・バー・マーヒー（料理の名前）

خورشت فسنجان ‏ /khoresht-e fesenjān/ ホレシュテ・フェセンジャーン（料理の名前）

پُختن-‏پز ‏ /pokhtan/-/paz/ 料理する

تجربه کردن ‏ /tajrobe kardan/ 経験する

گل‌فروشی ‏ /golforūshī/ 花屋

منتظر ‏ /montazer/ 待っている

دسته‌گل ‏ /daste gol/ 花束

گل رُز ‏ /gol-e roz/ バラの花

خوشگِل ‏ /khoshgel/ 美しい、きれいな

█ 要点

「～しないのですか。」という意味の否定疑問文への回答として、「しない」場合はنهで受け、「する」場合はچراで受けます。

تو نمی‌آیی؟
君は来ないの。

نه، من نمی‌آیم.
ええ、私は行きません。

چرا، من هم می‌آییم.
いいえ、私も行きます。

文法——現在進行形

　現在進行形は直説法に分類され、発話時点で進行中の物事について述べる場合に用いられます。本動詞となる一般動詞の直説法現在形の前に、助動詞として働く動詞داشتنの直説法現在形が付きます。助動詞と本動詞の両方が人称変化します。口語ではよく用いられます。

なお、現在進行形には否定形はありません。（過去進行形については第19課で学習します。）

一般動詞の現在進行形の人称変化（本動詞がخوردنの場合）

1人称単数	دارم می‌خورم
2人称単数	داری می‌خوری
3人称単数	دارد می‌خورد
1人称複数	داریم می‌خوریم
2人称複数	دارید می‌خورید
3人称複数	دارند می‌خورند

دارم کتاب می‌خوانم.
私は本を読んでいるところです。

او دارد غذا می‌خورد.
彼（彼女）は食事をしているところです。

من دارم فکر می‌کنم.
私は考えているところです。

練 習 問 題

1. 現在進行形を使って6語以上のペルシア語文を作文してください。

［基礎単語］ イラン暦の月の名前

فروردین /farvardīn/ 1月
（西暦3月21日～4月20日）

اردیبهشت /ordībehesht/ 2月
（西暦4月21日～5月21日）

خرداد /khordād/ 3月
（西暦5月22日～6月21日）

تیر /tīr/ 4月
（西暦6月22日～7月22日）

مرداد /mordād/ 5月
（西暦7月23日～8月22日）

شهریور /shahrīvar/ 6月
（西暦8月23日～9月22日）

مهر /mehr/ 7月
（西暦9月23日～10月22日）

آبان /ābān/ 8月
（西暦10月23日～11月21日）

آذر /āzar/ 9月
（西暦11月22日～12月21日）

دی /dey/ 10月
（西暦12月22日～1月20日）

بهمن /bahman/ 11月
（西暦1月21日～2月19日）

اسفند /esfand/ 12月
（西暦2月20日～3月20日）

ノウルーズの飾り

ノウルーズパーティーの食卓

現在完了形、過去完了形

18

講読

فرش‌بافی، هنر اصیلِ ایرانی

فرش‌بافی، هنر اصیلِ ایرانی و فرش یکی از مهمترین صنایع دستی ایران است. در قدیم، فرش‌بافی شغل اصلیِ زنانِ ایرانی بوده است. امّا امروزه مردها نیز فرش‌بافی می‌کنند. هر ایرانی در خانه‌ی خود فرش دارد. بنابراین، فرش جزئی از فرهنگِ ایران است. آنها هنگام ورود به خانه کفش خود را درمی‌آورند. فرش‌ها معمولاً از جنس پشم گوسفند یا ابریشم هستند. فرش‌های دست‌باف ابریشم بسیار باارزش و گران‌قیمت هستند. در تهران موزه‌ی فرش وجود دارد. فرش‌های دست‌باف قدیمی ایران در موزه‌ی فرشِ تهران نگهداری می‌شوند.

بافتنِ فرش معمولاً بیش از یک سال طول می‌کشد. برای بافتن یک فرش چند نفر باهم همکاری می‌کنند. امسال ریحانه خانم، همسر آقای ساعدی بافتنِ یک فرش را شروع کرده است. او فرش‌بافی را در کودکی از مادرش یاد گرفت. و تا به حال چند فرش بافته است و به دیگران نیز یاد داده است. او می‌خواهد در مدّت اقامتش در ژاپن یک فرش ببافد.

ایکه‌بانا چیست؟

پونه: ریحانه خانم ایکه‌بانا چیست؟

ریحانه: ایکه‌بانا هنر گل‌آراییِ ژاپنی است.

پونه: با گل‌آراییِ ایرانی چه فرقی دارد؟

ریحانه: ایکه‌بانا یک هنر است. هنر آراستنِ زیبای گل.

پونه: چه جالب! شما از کِی یاد می‌گیرید؟

ریحانه: از چهار ماه پیش شروع کرده‌ام.

پونه: چه خوب! من هم می‌خواهم ایکه‌بانا یاد بگیرم.

ریحانه خانم: می‌توانی به کلاسِ ما بیایی.

پونه: چه خوب! پس مزاحمتان می‌شوم.

ریحانه خانم: خواهش می‌کنم، چه مزاحمتی!

پونه: خیلی متشکّرم.

単語・表現

هنر   /honar/   技術、芸術

شغل   /shoghl/   職業、職務

اصلی   /aslī/   本来の、根本の

امروزه   /emrūze/   現在では、現在の

بنابراین   /banābarīn/   したがって

جزئی از...   /jozʾī az/   〜の一部

فرهنگ   /farhang/   文化、辞書

هنگام   /hengām/   時

ورود   /vorūd/   到着、入ること

در آوردن   /dar āvardan/   脱ぐ

جنس   /jens/   品質、質

پشم   /pashm/   羊毛

گوسفند   /gūsfand/   羊

ابریشم   /abrīsham/   絹

باارزش   /bāarzesh/   価値のある

گران‌قیمت   /gerān qeimat/   高価な、（値段が）高い

دست‌باف   /dastbāf/   手織りの

وجود داشتن   /vojūd dāshtan/   存在する

موزه   /mūze/   博物館

18

نگهداری شدن /negahdārī shodan/ 保存される

طول کشیدن /tūl keshīdan/ （時間が）かかる

همکاری کردن /hamkārī kardan/ 協力する

شروع کردن /shorū' kardan/ 始める

کودکی /kūdakī/ 子ども時代

تا به حال /tā be hāl/ これまでに

مدّت /moddat/ 期間

اقامت /eqāmat/ 滞在

گل‌آرایی /gol'ārāī/ 生け花

با...فرق داشتن /bā/.../farq dāshtan/ ～と異なる（文中ではفرقに無強勢のī（不定のī）が付いています。）

آراستن-آرا /ārāstan/-/ārā/ 飾る

یاد گرفتن /yād gereftan/ 習う、記憶する

مزاحم شدن /mozāhem shodan/ 迷惑をかける

مزاحمت /mozāhemat/ 迷惑

┃ 要点

①مزاحمتان می‌شومは直訳しますと、「あなたに迷惑をかけます。」ですが、「よろしくお願いいたします。」という意味合いになります。

②چه مزاحمتیは「何が迷惑なことでしょうか。」という意味になります。感嘆文と同じ形になりますが、ここでは「なんて迷惑だ」という意味ではありません。日本語の「とんでもありません」という意味合いに近いです。

文法——現在完了形、過去完了形

　この課では、現在完了形と過去完了形について学習します。現在完了形と過去完了形は直説法に分類されます。

(18.1) 現在完了形

　現在完了形は直説法に分類でき、過去分詞と動詞بودنの直説法現在形（接尾辞形）から作られます。（過去分詞の作り方については13. 2の②を参照してください）現在完了形には、「A. 完了」、「B. 継続」、「C. 経験」、「D. 結果」、「E. 確信、伝聞」などの用法があります。

رفتنの現在完了形の人称変化

	肯定形	否定形
1人称単数	رفته‌ام	نرفته‌ام
2人称単数	رفته‌ای	نرفته‌ای
3人称単数	رفته‌است	نرفته‌است
1人称複数	رفته‌ایم	نرفته‌ایم
2人称複数	رفته‌اید	نرفته‌اید
3人称複数	رفته‌اند	نرفته‌اند

A. 完了：ある動作が現時点で既に完了している。

آقای ساعدی نامه نوشته است.

サーエディーさんは手紙を書いてしまいました。

من آن نامه را فرستاده‌ام.

私はその手紙を送ってしまいました。

B. 継続：過去に起きた出来事が現在も継続し、影響が残っている。

او لباس نازک پوشیده است.

彼（彼女）は薄い服を着ています。

مادرم آش پُخته است.

私の母はスープを作っています。

C. 経験

من به کوه دماوند رفته‌ام.

私はダマーヴァンド山に行ったことがあります。

من چند بار غذای ایرانی خورده‌ام.

私は何度かイラン料理を食べたことがあります。

D. 結果：過去の行動が現在の結果につながっている。（Bと意味が重なることもある。）

این موزه را پدرِ دوستم ساخته است.

この博物館を私の友人の父親が造りました。

زِمستان امسال، برف زیادی باریده است.

今年の冬は、雪がたくさん降りました。

E. 確信、伝聞

　現在完了形と直説法過去形（単純過去形）の相違は、単に、ある物事の現在の様子や置かれた状況に関する時間の観点からの相違だけではありません。発話者が物事を直説法過去形（単純過去形）で言い表した場合、発話者がその物事を自ら確認した事実であることを示しています。

　一方、その物事を自らの目で確認していない、いろいろな証拠からそういう結論に達した、または、人から聞いた伝聞は現在完了形で表現されます。

下の例文、①は「アフマドがテヘランに行った」ことを自ら目撃したことを示

し、例文②では他の証拠からその結論に達したことを示します。さらに、③は第三者（ハミード）から聞いた伝聞であることを示します。

例文①

احمد امروز به تهران رفت. من او را با ماشینم به فرودگاه بردم.

アフマドは今日テヘランへ行きました。私は彼を自動車で空港まで送りました。

例文②

حتماً احمد امروز به تهران رفته است. او امروز به مدرسه نیامد.

きっとアフマドは今日テヘランに行ったはずです。彼は今日学校へ来ていません。

例文③

احمد امروز به تهران رفته است. این را از حمید شنیدم.

アフマドは今日テヘランへ行きました。このことをハミードから聞きました。

18.2 過去完了形

過去完了形は直説法に分類でき、過去分詞と動詞بودنの直説法過去形（単純過去形）から作られます。過去完了形（大過去）は、イランのペルシア語文法書では「遠い過去」（گذشته‌ی دور）とも呼ばれ、話題になっている過去の出来事から、状況が変わったり、別の出来事が起きたりして、その話題が既に遠い過去となっている際に用いられます。過去完了形の用法は現在完了形と同じで、「A. 完了」、「B. 継続」、「C. 経験」、「D.結果」、「E. 確信、伝聞」などの用法があります。

رفتن の過去完了形の人称変化

	肯定形	否定形
1人称単数	رفته بودم	نرفته بودم
2人称単数	رفته بودی	نرفته بودی
3人称単数	رفته بود	نرفته بود
1人称複数	رفته بودیم	نرفته بودیم
2人称複数	رفته بودید	نرفته بودید
3人称複数	رفته بودند	نرفته بودند

※現在完了形で、رفته است بودهという表現はよく使われますが、過去完了形でبوده بودという表現は
しません。（文法的には可能ですが、一部の例外を除いて実際にはしません。）

A. 完了：ある動作が過去のある時点で既に完了している。

ساعت یک، احمد ناهار خورده بود.

1時には、アフマドは昼食を食べてしまっていた。

**B. 継続：基準となるの過去のある時点より前に起きた出来事が、基準とな
る過去の時点でも継続し、影響が残っている。**

آن روز صبح، بچّه خوابیده بود.

その日の朝、子どもは眠り続けていた。

C. 経験

وقتی من او را دیدم، هنوز به ایران مسافرت نکرده بود.

私が彼（彼女）に会ったとき、彼（彼女）はまだイランに行ったことがな
かった。

**D. 結果：基準となるの過去のある時点より前の行動が、基準となる過去の
時点の結果につながっている。（Bと意味が重なることもある。）**

ده سال پیش، پدرم این خانه را خریده بود.

10年前、私の父はこの家を買っていました。

E. 確信、伝聞

حتماً احمد دیروز به تهران رفته بود. او دیروز به مدرسه نیامده بود.

きっとアフマドは昨日テヘランに行ったはずです。彼は昨日学校へ来てい
ませんでした。

احمد دیروز به تهران رفته بود. این را از حمید شنیده بودم.

アフマドは昨日テヘランへ行った。このことをハミードから聞きました。

　ある場所へ２回訪れたことがある場合、１回目の訪問について触れる場合は
過去完了形が使われます。例えば、イスファハーンに２回行ったことがあると
して、２回目のイスファハーン訪問については過去形が使われ、１回目の訪問
については、２回目の訪問時点より過去のことを表す過去完了形が用いられま
す。

時間の流れ

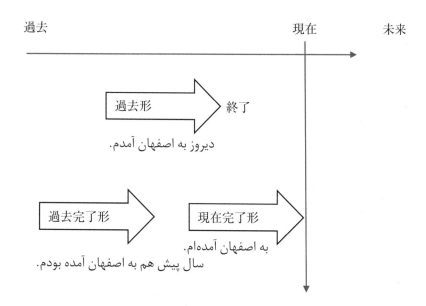

また、過去完了形が用いられるのは、必ずしも2回行った同種の出来事の前の方の出来事に触れる場合だけではありません。過去に起きた出来事の後に、新たな出来事が起きてしまい、その時点から過去の出来事を振り返ってみる場合にも過去完了形が用いられます。

قبل از آمدن به ایران در دانشگاه دو سال زبان فارسی خوانده بودم.
私はイランに来る前に2年間大学でペルシア語を学んでいました。

او برای دوستش گل خریده بود.
彼（彼女）は友人のために花を買っていた。

練 習 問 題

1. 現在完了形を使って6語以上のペルシア語文を作文してください。

2. 過去完了形を使って6語以上のペルシア語文を作文してください。

［基礎単語］ 家と家具1

طبقهی دوم /tabaqe-ye dovvom/ 二階　مبل /mobl/ ソファー

کلید /kelīd/ 鍵　انبار /anbār/ 物置き

آشپزخانه /āshpazkhāne/ 台所　پشت بام /posht-e bām/ 屋上

دستشوئی /dastshūī/ トイレ、手洗所　سقف /saqf/ 天井

حمّام /hammām/ 風呂

126

テヘランのミーラードタワー

テヘランのダラケ山

テヘラン北部の
ジャムシーディーイェ公園

18

19 未完了過去形

....

講読

تهران، پایتخت ایران

تهران پایتخت ایران است و دوازده میلیون نفر جمعیّت دارد. در شمال تهران رشته کوهِ البرز قرار دارد. تهران در زمستان سرد و در تابستان گرم است. برج میلاد تهران، با چهارصد و سی و پنج متر ارتفاع، بلندترین برج ایران است. کاخ سعدآباد، کاخ گلستان، برج آزادی و پل طبیعت از دیگر جاهای دیدنی تهران است.

پارسال خانواده‌ی آقای ساعدی در تهران زندگی می‌کردند. آقای ساعدی در دانشگاهی در تهران درس می‌داد و ریحانه خانم در یک گل‌فروشی کار می‌کرد. در تعطیلات تابستان آنها به مسافرت می‌رفتند. پسرشان شهرام به دبستان و دخترشان باران به مهدِکودک می‌رفت. آنها دوستان زیادی داشتند و آخرِهفته‌ها یا به خانه‌ی دوستان خود می‌رفتند یا دوستانشان به خانه‌ی آنها می‌آمدند. آنها باهم فیلم می‌دیدند، غذا درست می‌کردند و می‌خوردند.

آقای ساعدی هر ماه یک بار بچّه‌های خود را به شهربازی می‌بُرد و با آنها بازی می‌کرد و برای آنها بستنی می‌خرید. همچنین بعضی وقت‌ها آنها به کوه می‌رفتند و از دیدن طبیعت لذت می‌بُردند.

ما در تهران زندگی می‌کردیم

تاکاشی: ببخشید می‌توانم از شما سؤالی بکنم؟

آقای ساعدی: خواهش می‌کنم. بفرمایید.

تاکاشی: شما در ایران در کدام شهر زندگی می‌کردید؟

آقای ساعدی: ما در تهران زندگی می‌کردیم.

تاکاشی: در تهران چه کاری می‌کردید؟

آقای ساعدی: من در دانشگاهی در تهران به خارجی‌ها زبان فارسی درس می‌دادم.

تاکاشی: چه جالب! دانشجوی ژاپنی هم داشتید؟

آقای ساعدی: بله، یک خانم ژاپنی دانشجوی من بود. او در سفارتِ ژاپن در تهران کار می‌کرد.

تاکاشی: من هم دوست دارم در تهران درس بخوانم.

آقای ساعدی: فکرِ خوبی است. انشاء الله موفّق باشید.

تاکاشی: متشکّرم.

▌単語・表現

رشته کوهِ البرز /reshte kūh-e alborz/　アルボルズ山脈

جمعیّت /jam'iyat/　人口

برج میلاد /borj-e mīlād/　ミーラード・タワー（地名）

متر /metr/　メートル

ارتفاع /ertefā'/　高さ、高度

بلند /boland/　高い

کاخ سعدآباد /kākh-e sa'dābād/　サーダーバード宮殿（地名）

کاخ گلستان /kākh-e golestān/　ゴレスターン宮殿（地名）

برج آزادی /borj-e āzādī/　アーザーディー・タワー（地名）

مهدِکودک /mahd-e kūdak/　幼稚園、保育所

...یا...یا /yā/.../yā/.../　～か～か、～または～

شهربازی /shaharebāzī/　遊園地

بازی کردن /bāzī kardan/　遊ぶ

بستنی /bastanī/　アイスクリーム

از...لذت بردن /az/.../lezzat bordan/　～を楽しむ、～を喜ぶ

سفارت /sefārat/　大使館

要点

موفّق باشید/movaffaq bāshīd/は接続法が使われていますので、直訳すると「あなたに成功があれば」、「あなたには成功があるでしょう」等の意味になりますが、概ね「あなたの成功を祈ります」、「がんばってください」、「成功されますように」という意味で使われます。

文法——未完了過去形

この課では、未完了過去形と過去進行形について学習します。

19.1 　未完了過去形

　未完了過去形は直説法に分類され、過去における習慣、反復動作等を表します。未完了過去形肯定形は、過去語幹の前に「接頭辞のمی」を付け、後に人称語尾を付けて作られます。未完了過去形否定形は、肯定形の接頭辞の前にنِ/ne/を付けます。

動詞の未完了過去形の人称変化（رفتنの場合）

	未完了過去形肯定形	未完了過去形否定形
1人称単数	می‌رفتم	نِمی‌رفتم
2人称単数	می‌رفتی	نِمی‌رفتی
3人称単数	می‌رفت	نِمی‌رفت
1人称複数	می‌رفتیم	نِمی‌رفتیم
2人称複数	می‌رفتید	نِمی‌رفتید
3人称複数	می‌رفتند	نِمی‌رفتند

به خانه‌اش می‌رفتم.

私は彼（彼女）の家に行ったものだ。

(19.2) 過去進行形

　過去進行形は直説法に分類され、過去におけるある時点で進行中であった物事について述べる場合に用いられます。本動詞となる一般動詞の未完了過去形の前に、助動詞として働く動詞داشتنの直説法過去形が付きます。助動詞と本動詞の両方が人称変化します。

　なお、過去進行形には否定形はありません。

過去進行形の人称変化（صحبت کردنの場合）

1 人称単数	داشتم صحبت می‌کردم
2 人称単数	داشتی صحبت می‌کردی
3 人称単数	داشت صحبت می‌کرد
1 人称複数	داشتیم صحبت می‌کردیم
2 人称複数	داشتید صحبت می‌کردید
3 人称複数	داشتند صحبت می‌کردند

داشتم کتاب می‌خواندم.

私は本を読んでいるところでした。

داشتم فکر می‌کردم.

私は考えているところでした。

19

131

過去に一時的に続いた出来事は、未完了過去形でも過去進行形でも表現することができます。ただし、下の用例のように、ある事態が過去に一時的に進行していたことを示す表現は、未完了過去形でも、過去進行形でも可能ですが、意味合いは異なりますのでご注意ください。

دیروز ساعت ۱۲ من غذا می‌خوردم.
昨日の12時、私は食事をしていました。

دیروز ساعت ۱۲ من داشتم غذا می‌خوردم.
昨日の12時、私は食事をしているところでした。

練 習 問 題

1．未完了過去形を使って6語以上のペルシア語文を作成してください。

2．過去進行形を使って6語以上のペルシア語文を作成してください。

[基礎単語]　家と家具2

حیاط	/hayāt/	中庭	شیرِ آب	/shīr-e āb/	蛇口
دیوار	/dīvār/	壁	برق	/barq/	電気
پرده	/parde/	カーテン	زیرزمین	/zīrzamīn/	地下室
سفره	/sofre/	テーブルクロス	پنجره	/panjare/	窓
یخچال	/yakhchāl/	冷蔵庫			

19

妖怪ジン

竹原　新

　イランでは、ことさら言動に気をつけないといけません。自分の身を守るためで
す。……そう、妖怪ジンがどこに潜んでいるかわからないからです。地面や壁に潜
んでいて、こちらの様子をうかがっています。だから、壁に釘を打ったり、地面に
熱湯を捨てたりするときは、ジンを避ける呪文を唱えてからにしないといけませ
ん。もし、知らずにジンに危害を加えてしまうと、恐ろしい報復が待っています。
急に襲われて意識を失わされることもあるといいます。人間の姿をしているかもし
れないのですが、足が前後反対に付いていたり、蹄だったりするのでよく見ればわ
かります。

　もちろん、これらは妖怪ジンに纏わる俗信であり、俗信に過ぎないと言ってしま
えばそれまでです。ところが、身の回りで起こる不思議なことはイランでは何でも
ジンの仕業と考えられてきました。アール、マルデズマー、グールといった妖怪も
知られていますが、イランの妖怪の中で、ジンの存在感は圧倒的です。もちろん、
誰もジンと関わりたくなどありませんので、ジンという言葉を発することでジンが
反応して出てくるのを避けるため、ジンを意味する隠語を使うこともあります。ま
た、「あの洞窟にはジンがいるから、行ってはいけないよ。」というように、子供
たちに危ないところに行かせない理由にジンが使われることもあります。

　しかし、こちらから危害さえ加えなければ、ジンはお茶目な奴らです。人間が大
事なものを置きっぱなしにしていると、ジンはそれを隠したり、元に戻したりして
悪戯をするようです。宴会好きで、結婚式で大騒ぎすることもあると言われていま
す。

　イランに行ったなら、あなたの目の前の壁にもジンが潜んでいるかもしれません
よ。

現代伝説「整備士のジン」

竹原　新

　妖怪ジンには悪い奴もいれば、良い奴もいるといいます。前のコラムでは、妖怪ジンの不気味な面を強調しすぎましたので、心温まる現代伝説を紹介しましょう。

　ある人のクルマが田舎で故障した。そこは小さな町で、道具なども持ち合わせていなかった。それで、ある人に「この辺りに修理工場はありませんか。」と尋ねた。すると、その人は「ここにバイク屋があります。」と答えた。それで、バイク屋に行って、休日だったが家から来てもらって、クルマを直してもらった。代金を渡そうとすると、バイク屋は「代金はいらない。神の思し召しだ。」と言った。どんなに頼んでも「いらない。神の思し召しだ。喜んでもらえるとよい。」と言った。それで、その人は自分の町であるイスファハーンに帰った。代金を受け取らないので、お土産を買ってその町に戻ってきた。ソーハーンかギャズか何かを買って戻った。クルマが故障した場所まで来た。店はすぐそばのはずだったが、店はなかった。何人かに尋ねもした。「間違えたのかな。ここではないのか。」と独り言を言ったが、「確かにこの町の広場のロータリーである。間違いない。」とまた独り言を言った。お店も、例えばハサンという名前も示したが、皆、「そんな人はここにいない。」と言った。そして、その人は、それがアズマーベヘタラーン（「自分たちより優れたる者たち」の意味。ジンを示す隠語）、すなわちジンであることがわかった。確かに自分で見たのだが、後で消えていたのである。（2017年9月11日にテヘラン州で筆者が採録）

19

未来形

20

講読

CD
40

سفر به ایران

امسال تابستان دانشجویانِ زبانِ فارسی برای اوّلین بار به ایران سفر خواهند کرد. آنها بعد از دیدن شهرهای تهران، کاشان و اصفهان، به شیراز و یزد نیز مسافرت خواهند کرد. در تهران دانشجویان از موزه‌ی فرش و موزه‌ی ایران باستان بازدید خواهند کرد. همچنین آنها به کاخ سعدآباد و کاخ گلستان نیز خواهند رفت. آقای ساعدی در تعطیلات تابستان به ایران برگشته است و دانشجویان می‌خواهند در تهران استادشان را ببینند.

شهر کاشان بین شهرهای تهران و اصفهان است. معماریِ سُنّتیِ این شهر بسیار زیباست. گلاب از بهترین سوغاتی‌های شهر کاشان است. بعد از کاشان آنها به اصفهان خواهند رفت و دو هفته در دانشگاه زبان فارسی خواهند خواند. در اصفهان قرار است از میدان امام، سی و سه پل، و منار جُنبان دیدن کنند. بعد از تحصیل در دانشگاه، دانشجویان به شیراز سفر خواهند کرد. آنها می‌خواهند تا جاهای زیبای شهر شیراز، مثل باغ اِرَم، بازار وکیل و ارگ کریم‌خان را ببینند. آرامگاهِ شاعران بزرگ ایران، سعدی و حافظ هم در این شهر است. دانشجویان تا به حال درباره‌ی ایران زیاد خوانده و شنیده‌اند. آنها می‌خواهند ایران را از نزدیک ببینند، با ایرانی‌ها به زبان فارسی صحبت بکنند و با فرهنگ ایران آشنا بشوند.

CD
41

الو. استاد ساعدی؟

تاکاشی: الو.

ساعدی: الو بفرمایید.

تاکاشی: الو. استاد ساعدی؟

تاکاشی: بله، خودم هستم. بفرمایید. شما؟

تاکاشی: من ماتسوئی تاکاشی هستم. دانشجوی سال دوم زبانِ فارسی.

آقای ساعدی: بله بله، حال شما چطور است، آقای ماتسوئی؟

تاکاشی: خیلی ممنون، خوبم. شما چطورید؟

آقای ساعدی : خوبم، الحَمدُلِلّه.

تاکاشی: خدا را شکر. مشتاق دیدار هستیم.

آقای ساعدی: همچنین، منتظرِ آمدِن شما به ایران هستم. کِی می‌رسید؟

تاکاشی: هفته‌ی بعد، روز جمعه، ۱۰ صبح به فرودگاه تهران خواهیم رسید.

آقای ساعدی: به سلامتی. پس منتظرِ تماسّ شما هستم.

تاکاشی: خدمتتان زنگ می‌زنم.

آقای ساعدی: به امید دیدار. مواظب خودتان باشید.

تاکاشی: حتماً. خداحافظ.

آقای ساعدی: خدانگهدار.

単語・表現

باستان /bāstān/ 古代、古代の

بازدید کردن /bāzdīd kardan/ 観光する

برگشتن- برگرد /bargashtan/-/bargard/ 帰る

بینِ... /beyn-e/ ～の間に

معماری /me'mārī/ 建築、建築物

سُنَّتی /sonnatī/ 伝統的な

میدان /meidān/ 広場

میدان امام /meidān-e emām/ イマーム広場（地名）

پل /pol/ 橋

سی و سه پل /sī o se pol/ 三十三大橋（地名）

منار /menār/ （モスクの）尖塔

منار جُنبان /menār jonbān/ メナーレ・ジョンバーン（地名）

دیدن کردن /dīdan kardan/ 見物する

تحصیل /tahsīl/ 学習

باغِ ارَم /bāgh-e eram/ エラム庭園（地名）

بازار وکیل /bāzār-e vakīl / ヴァキール市場（地名）

ارگ /arg/ 城、城塞

ارگ کریم‌خان /arg-e karīmkhān/ キャリーム・ハーン城塞（地名）

آرامگاه /ārāmgāh/ 墓、廟

شاعر /shā'er/ 詩人

سعدی /sa'dī/ サアディー（人名）

حافظ /hāfez/ ハーフェズ（人名）

دربارهٔ... /darbāre-ye/ 〜について

ممنون /mamnūn/ ありがとう（متشکرمより軽く、مرسیよりは堅い表現）

الحَمدُللّه /alhamdolelāh/ おかげさまで、ごちそうさま

خدا را شکر /khodā ra shokr/ 神に感謝を

مشتاق /moshtāq/ 熱望している

رسیدن- رس /rasīdan/-/ras/ 着く、到着する

تماسّ /tamāss/ 連絡、接触

خدمت /khedmat/ 服務、奉仕、面前

زنگ زدن /zang zadan/ 電話する

امید /omīd/ 希望、期待

دیدار /dīdār/ 面会、見物

به امید دیدار /be omīd-e dīdār/ お会いすることを期待して

مواظب /movāzeb / 注意深い

مواظب خودتان باشید /movāzeb-e khod-etān bāsh-īd/ 注意してください

خدانگهدار /khodānegahdār/ さようなら

要点

①خدمتに2人称複数の人称接尾辞が付いてخدمتتانとなると、「（あなたの面前で）〜させていただく」という謙譲表現になります。）

خدمتتان زنگ می‌زنم.

お電話させていただきます。

②خداحافظはخدانگهدارと同じ意味ですが、文中では相手がخداحافظと言ったので、同じ表現を避けるために使われています。

文法——未来形

この課では、未来形について学習します。直説法現在形で未来形を代用できますが、未来であることを強調する場合などに未来形を使います。未来形肯定形はخواستنの現在語幹خواهに人称語尾を付けて助動詞とし、過去語幹のみの本動詞に繋げます。未来形否定形は、未来形肯定形の前に接頭辞のنَ/na/を付けます。

	未来形肯定形	未来形否定形
1人称単数	خواهم رفت	نخواهم رفت
2人称単数	خواهی رفت	نخواهی رفت
3人称単数	خواهد رفت	نخواهد رفت
1人称複数	خواهیم رفت	نخواهیم رفت
2人称複数	خواهید رفت	نخواهید رفت
3人称複数	خواهند رفت	نخواهند رفت

①複合動詞の未来形の場合は、助動詞と本動詞の方を繋げます。

من در تابستان سال آینده شنا خواهم کرد.

私は来年の夏に泳ぐでしょう。

②未来形の否定形は文法としては存在しますが、標準語とされるテヘラン方言
では硬い表現となりますので、通常は現在形で代用します。

●······································ 練 習 問 題 ································●

1．未来形を使って6語以上のペルシア語文を作成してください。

［基礎単語］ 交通1

راه آهن /rāhāhan/ 鉄道	مترو /metro/ 地下鉄
هواپیما /havāpeymā/ 飛行機	ترافیک /terāfīk/ 交通渋滞
آژانس /āzhāns/ ハイヤー、代理店	اتوبان /otobān/ 自動車専用高速道路
سواری /savārī/ 乗合タクシー、乗用車	تصادف /tasādof/ 衝突、事故

イラン料理の材料を売る店

アーシュ・レシュテ

家庭料理のゲイメ

141

21

従属接続詞 1 （که）

講読

فیلم ایرانی

مردم ایران به دیدن فیلم علاقه‌ی زیادی دارند. در تهران سینماهای زیادی وجود دارد و رفتن به سینما یکی از سرگرمی‌های جوانان است. فیلم‌های ایرانی را در خارج از ایران نیز خوب می‌شناسند. کیارستمی، فرهادی و مجیدی معروف‌ترین کارگردانان ایرانی در خارج هستند. بعضی از فیلم‌های ایرانی در جشنواره‌های فیلم بین المللی جایزه گرفته‌اند.

امروز تاکاشی، ساکورا و پونه برای دیدنِ فیلمِ ایرانی به سینما می‌روند. آنها می‌خواهند برایِ اوّلین بار فیلم ایرانی ببینند. اسم فیلم "جدایی نادر از سیمین" است. این فیلم را اصغر فرهادی ساخته است. "جداییِ نادر از سیمین"، داستانِ یک زن و شوهر به نام سیمین و نادر است.

ساکورا به دوست آمریکایی خود ماری، گفت که او هم بیاید. امّا ماری گفت که امروز با دوستش به کیوتو می‌رود و نمی‌تواند با آنها به سینما بیاید.

در راه سینما

پونه: من فیلم امروز را یک بار دیده‌ام. خیلی جالب است.

ساکورا: واقعاً؟ من تا حالا فیلم ایرانی ندیده‌ام.

تاکاشی: من قبلاً یک فیلم ایرانی دیده‌ام. اسمش "خانه‌ی دوست کجاست؟" بود.

پونه: من هم این فیلم را دیده‌ام. کارگردانش کیارستمی است.

تاکاشی: درست است.

ساکورا: اسم کیارستمی را شنیده‌ام. اما متأسّفانه هنوز فیلمش را ندیده‌ام.

پونه: توصیه می‌کنم که ببینی.

ساکورا: حتماً می‌بینم. «خانه دوست کجاست؟» چطور بود؟

پونه: من خیلی خوشم آمد. فکر می‌کنم که شما هم خوشتان بیاید.

تاکاشی: من هم خیلی پسندیدم.

ساکورا: چه جالب!

تاکاشی: راستی، چرا ماری نیامد؟

ساکورا: ماری گفت که با دوستش به کیوتو می‌رود.

تاکاشی: که این طور. حیف شد.

単語・表現

علاقه /ʾalāqe/ 興味

سرگرمی /sargarmī/ 娯楽

در خارج از... /dar khārej az/ ～の外で

شناختن-‌شناس /shenākhtan/-/shenās/ 認める、知る

کیارستمی /kyārostamī/ キアロスタミ（人名[姓]）

فرهادی /farhādī/ ファルハーディー（人名[姓]）

مجیدی /majīdī/ マジーディー（人名[姓]）

کارگردان /kārgardān/ （映画）監督

جشنواره /jashnvāre/ 祝祭

بین المللی /beynolmelalī/ 国際の

جدایی /jodāʾī/ 別離

نادر /nāder/ ナーデル（人名[名]）

سیمین /sīmīn/ スィーミーン（人名[名]）

اصغر /asghar/ アスガル（人名[名]）

داستان /dāstān/ 物語

جایزه /jāyeze/ 賞

قبلاً /qablan/ 以前に

توصیه کردن /tousiye kardan/ 推薦する

پسندیدن-پسند /pasandīdan/-/pasand/ 称賛する、選択する

حیف /heif/ 残念

راستی /rāstī/ ところで

要点

①از ... خوشم آمد で、「私は〜を好む」という意味になります。動詞は3人称単数ですので注意してください。

②動詞の3人称複数形は、特定の人や物を指すのではなく、人々一般を指すことがあります。

فیلم‌های ایرانی را در خارج از ایران نیز خوب می‌شناسند.

イラン映画はイラン国外でもよく知られています。

文法——従属接続詞1 （که）

この課では、名詞節を導く接続詞 که について学習します。که 節内の動詞の時制は状況により変化します。

21.1 直説法を伴う که 節

که 節の内容が既定である場合、که 節内の動詞は直説法となります。

او می‌داند که آن مرد دانشجو است.

彼（彼女）は、あの男性が大学生であることを知っています。

من دیدم که او به دانشگاه رفت.

私は、彼（彼女）が大学へ行ったのを見ました。

21.2 接続法を伴う که節

که節の内容が未定である場合、که節内の動詞は接続法となります。

او فکر می‌کند که آن مرد دانشجو باشد.

彼（彼女）は、あの男が大学生であると思います。

امیدوارم که فردا روز خوبی باشد.

私は、明日が良い日であることを望みます。

────────────── 練 習 問 題 ──────────────

1. 次のペルシア語文を日本語に訳してください。

۱. به مادرم گفتم که امشب دیر به خانه می‌آیم.

۲. احمد می‌داند که پدرش او را خیلی دوست دارد.

۳. شنیدم که امسال به ایران می‌روی. درست است؟

۴. فکر می‌کنم که زبان فارسی از زبان انگلیسی آسانتر باشد.

۵. در نامه‌ام به خانواده‌ام می‌نویسم که امسال نوروز به خانه برمی‌گردم.

یک طرفه (عبور) /'obūr-e yek tarafe/
一方通行

پروازهای خارجی /parvāzhā-ye khārejī/
国際線

پروازهای داخلی / parvāzhā-ye dākhelī/
国内線

پارک کردن /pārk kardan/ 駐車する

بنزین /benzīn/ ガソリン

کامیون /kāmiyūn/ トラック

بن بست /bon bast/ 行き止まり

146

サバラーンの麓

サバラーンの麓でテントを張った遊牧民

21

トーチャル山のロープウエー

147

| 講読

سفرِ یک ماهه به ایران

جمعیّت ایران بیش از ۸۰ میلیون نفر است و زبان فارسی زبان رسمی مردم ایران است. امّا به جز قوم فارس، قوم‌های ترک، کرد، لر، ترکمن، بلوچ و عرب و دیگران هم در ایران زندگی می‌کنند.

امسال ده نفر از دانشجویان برای یادگیريِ زبانِ فارسی به ایران رفتند. تاکاشی و ساکورا هم برای اوّلین بار به ایران رفتند و در دانشگاه یک ماه زبان فارسی خواندند. دانشجویان بعد از تمام شدنِ کلاس‌هایشان، به مسافرت داخلِ ایران رفتند. به غیر از اصفهان، آنها به شهرهای تهران، یزد، شیراز و کاشان هم مسافرت کردند و از دیدنِ معماريِ شهرها و صُحبت با مردم و عکس گرفتن لِذّت بردند. آنها خوشحال بودند، چون می‌توانستند به زبان فارسی با مردم حرف بزنند. دانشجویان در سفر ایران متوجّه شدند که در این شهرها همه‌ی مردم به زبان فارسی صحبت می‌کنند، امّا لهجه‌هایشان فرق می‌کند.

متاسّفانه، آنها زیاد وقت نداشتند و نتوانستند به شهرهای دیگر ایران هم بروند. اگر آنها در ایران بیشتر می‌ماندند، می‌توانستند به شهرهای دیگر مثل تبریز و مشهد هم بروند. دانشجویان در این سفر برای خانواده و دوستان خود از ایران سوغاتی آوردند. تاکاشی تصمیم گرفت اگر سال آینده دوباره به ایران برود، حتماً به این شهرها هم سفر بکند.

خریدِ بلیط

تاکاشی: سلام.

فروشنده‌ی بلیط: سلام، بفرمایید.

تاکاشی: بلیط تهران- شیراز می‌خواهم.

فروشنده‌ی بلیط: برای کِی می‌خواهید؟

تاکاشی: برای روز جمعه.

فروشنده‌ی بلیط: چند نفر هستید؟

تاکاشی: ده نفر هستیم.

فروشنده‌ی بلیط: برای چه ساعتی می‌خواهید؟

تاکاشی: اگر روز باشد بهتر است.

فروشنده‌ی بلیط: متأسفانه، قطارهای روز جمعه جا ندارد. امّا اگر قطار شب بخواهید هنوز جا دارد. خوشبختانه، قطار ساعت ده شب جا می‌دهد.

تاکاشی: باید با دیگران مشورت بکنم.

***

تاکاشی: مشکلی نیست، با قطار شب می‌رویم.

فروشنده‌ی بلیط: بفرمایید، ده بلیطِ قطار تهران- شیراز برای روز جمعه، دهم مرداد.

تاکاشی: متشکّرم. چقدر می‌شود؟

فروشنده‌ی بلیط: قابلی ندارد.

تاکاشی: متشکّرم.

فروشنده‌ی بلیط: شُد یک میلیون تومان.

تاکاشی: بفرمایید.

単語・表現

رسمی ‏ /rasmī/ 公式の

به جز... ‏ به جز ‏ /be joz/ ～を除いて（جزにはエザーフェは付きません。به جز قوم فارس /be joz qoum-e fārs/ となります。）

قوم ‏ /qoum/ 民族、親族

ترک ‏ /tork/ トルコ人

کرد /kord/ クルド人

لر /lor/ ロル人

ترکمن /torkaman/ トルクメン人

بلوچ /balūch/ バルーチ人

عرب /'arab/ アラブ人

یادگیری /yādgīrī/ 学習

داخل /dākhel/ 内部、内側

غیر از... /gheir az/ ～の他

لذّت بردن /lezzat bordan/ 楽しむ

متوجّه شدن /motavajjeh shodan/ 理解する

لهجه /lahje/ 方言

فرق کردن /farq kardan/ 違いがある

تبریز /tabrīz/ タブリーズ（地名）

مشهد /mashhad/ マシュハド（地名）

تصمیم گرفتن /tasmīm gereftan/ 決心する

بلیط /belīt/ 切符

مشورت کردن /mashvarat kardan/ 相談する

چقدر /cheqadr/ どれほど

文法──従属接続詞 2

22.1 従属接続詞 اگر（条件）

　原則として、「اگر /agar/ もし」を使う条件節の中の動詞は接続法ですが、直説法の場合もあります。条件節が接続法の場合と直説法の場合では意味合いが異なります。帰結節も文脈に応じて、接続法の場合と直説法の場合があります。

اگر فردا باران بیاید، من به بازار نروم.

もし、明日、雨が降れば（不確定）、私は市場に行かないことにしましょ
う（不確定）。

اگر فردا باران بیاید، به بازار نمی‌روم.

もし、明日、雨が降れば（不確定）、私は市場に行きません（確定）。

اگر می‌روی، من هم می‌آیم.

君が行くなら（確定）、私も行きます（確定）。

اگر بروی، من هم می‌آیم.

もし、君が行くのなら（不確定）、私も行きます（確定）。

اگر بروی، من هم بیایم.

もし、君が行くのなら（不確定）、私も行きましょう（不確定）。

22.2 従属接続詞چون（理由）

چرا را用いて尋ねられたら、従属接続詞の「چون/chon/なぜなら、～だから、
～なので」を用いて返事をしてください。

چرا زبان فارسی می‌خوانید؟

どうして、あなたはペルシア語を勉強しているのですか。

چون زبان فارسی را دوست دارم.

私はペルシア語が好きだからです。

22

22.3 よく使う従属接続詞句

A. 「وقتی که... /vaqtī ke/ ～する時」

وقتی که باران شروع شد، من در راه دانشگاه بودم.

雨が降り始めた時、私は大学へ行く途中でした。

B.「با این که /bā īnke/　〜にも関わらず、〜なのですが」

با این که دوست نداشتم، خریدم.

私は気に入っていなかったのですが、買いました。

練 習 問 題

1. 従属接続詞اگرを使って7語以上のペルシア語文を作成してください。

2. 従属接続詞چونを使って7語以上のペルシア語文を作成してください。

3. 従属接続詞句وقتی کهを使って7語以上のペルシア語文を作成してください。

4. 従属接続詞句با این کهを使って7語以上のペルシア語文を作成してください。

[基礎単語]　方向、方角

شرق　/sharq/ 東　　　　　چپ　/chap/ 左

غرب　/gharb/ 西　　　　　راست　/rāst/ 右

جنوب　/jonūb/ 南　　　　پیش　/pīsh/ 前

شمال　/shomāl/ 北　　　　پشت　/posht/ 後ろ

بالا　/bālā/ 上　　　　　　کنار　/kenār/ 端、脇

پایین　/pāyīn/ 下　　　　وسط　/vasat/ 真ん中

イランの公用語としてのペルシア語と少数言語

Jahedzadeh

　イランの公用語はペルシア語で、全国の教育もペルシア語で行われていますが、実はペルシア語母語話者は全国民の6割程度しかありません（出所：Graphicmaps）。テヘラン方言が標準ペルシア語とされており、テレビや新聞などのマスコミでもほとんどテヘラン方言が使われます。ペルシア語には、テヘラン方言の他にも、イスファハーン方言、シーラーズ方言、ヤズド方言、マシュハド方言などがありますが、これらの方言では文のイントネーションはもちろん、場合によっては、使用される語彙や文法が異なることがあります。

　少数言語に、トルコ語に近いアゼルバイジャン語(アゼリー語とも言われます)があります。また、ペルシア語の兄弟言語に当たるギーラキー語、マーザニー語、バルーチ語、クルド語などの他、アラビア語、トルクメン語などの諸言語があり、話者も多数います。ペルシア語を母語としない母語話者同士の共通言語はもちろん標準ペルシア語です。少数言語を母語にする人たちはたいていバイリンガルで、母語に加えてペルシア語も話します。実は筆者もアゼリー語が母語で、小学校でペルシア語を習いましたが、本格的にペルシア語を使い始めたのは、10歳の時に他の町から移ってきたアゼリー語がわからない同級生と会話したときでした。

　少数言語話者は、ほとんどの場合、家では母語、学校や街ではペルシア語を話しています。学校で教育を受けていない人の中には母語しか話せないケースもよくあります。特に少数言語話者の高年層の中には、ペルシア語があまり通じない人たちが多々います。そのときには、もちろんペルシア語とその言語の通訳が必要となります。

　イランの少数言語はペルシア語から大きな影響を受けています。近年、少数言語話者の子供の中には母語を話せず、ペルシア語が母語となってしまうことも少なくなく、話題になっています。ペルシア語に飲み込まれないよう少数言語の教育も大事だと声を上げている人も多くいます。

講読

آموزش زبان فارسی در ایران

زبان فارسی جزء زبان‌های هند و اروپایی است. به جز ایران، در افغانستان و تاجیکستان هم به زبان فارسی حرف می‌زنند. زبان فارسیِ افغانستان را فارسی دری و زبان فارسیِ تاجیکستان را تاجیکی می‌گویند. الفبای زبانِ فارسی سی و دو حرف دارد و مثل زبان عربی از راست به چپ می‌نویسند. فارسی نوشتاری با فارسی گفتاری کمی فرق دارد.

دانشجویانی که زبان فارسی می‌خوانند در سال دوم به ایران می‌روند و یک ماه زبان فارسی یاد می‌گیرند. سال گذشته ده نفر از دانشجویان زبان فارسی به دانشگاهی در ایران رفتند و یک ماه در آن دانشگاه زبان فارسی یاد گرفتند. اسم استادی که به آنها زبان فارسی یاد می‌داد آقای پاینده بود. آقای پاینده از دانشجویان ژاپنی درباره‌ی ژاپن سؤال می‌کرد. او دوستِ داشت بداند مردم ژاپن درباره‌ی ایران چه می‌دانند.

بعضی دیگر از دانشجویان چون می‌خواهند بیشتر در ایران فارسی بخوانند، به مؤسسه‌ی آموزش زبان فارسی می‌روند. دانشجویان کشورهای دیگر نیز برای خواندن زبان فارسی به ایران می‌روند. دانشجویانی که برای یادگیری زبان فارسی به ایران می‌روند، خیلی تعجّب می‌کنند، چون متوجّه می‌شوند که زبان گفتاری با زبان نوشتاری فرق می‌کند.

در مؤسسه‌ی آموزش زبان فارسی

تاکاشی: سلام.

مسئول مؤسّسه: سلام. بفرمایید.

تاکاشی: من تاکاشی ماتسوئی از ژاپن هستم.

مسئول مؤسّسه: بله. خیلی خوش آمدید.

تاکاشی: متشکرم.

مسئول مؤسّسه: چند سال فارسی خوانده‌اید؟

تاکاشی: دو سال.

مسئول مؤسّسه: آفرین! با این که فقط دو سال فارسی خوانده‌اید، خوب فارسی حرف می‌زنید.

تاکاشی: متشکّرم. هنوز خیلی چیزها را نمیدانم. راستی، کلاس‌های ما از کِی شروع می‌شود؟

مسئول مؤسّسه: کلاس‌های شما از یکشنبه‌ی هفته‌ی آینده شروع می‌شود.

تاکاشی: من در کلاس چندم هستم؟

مسئول مؤسّسه: اوّل باید امتحان بدهید. شنبه روز امتحان است.

تاکاشی: چه ساعتی؟

مسئول مؤسّسه: ساعت ده صبح.

تاکاشی: خیلی ممنون. پَس، تا شنبه خدا حافظ.

مسئول مؤسّسه: خواهش می‌کنم. خداحافظ. مواظبِ خودتان باشید.

تاکاشی: متشکّرم.

単語・表現

دری ／darī／ ダリー語

تاجیکی ／tājīkī／ タジク語

زبان نوشتاری ／zabān-e neveshtārī／ 書き言葉、文語

زبان گفتاری ／zabān-e goftārī／ 話し言葉、口語

تازه ／tāze／ 新しい

پاینده ／pāyande／ 永続する（ここでは人名[名]、パーヤンデ)

مؤسّسه ／mo'assese／ 専門学校、語学学校、塾、研究所

23

مسئول   /mas'ūl/   責任者

آفرین   /āfarīn/   よくできた！（「よくできた！」という意味で使う場合は、
例外的に一番前の音節にアクセントがあります。）

فقط   /faqat/   単に、ただ〜だけ

چیز   /chīz/   もの、こと

امتحان دادن   /emtehān dādan/   試験を受ける

پس   /pas/   それでは、それから

مواظب   /movāzeb/   注意深い

▎要点

مواظب خودتانは、「気をつけて」という意味で、مواظب خودت باشのよ
うに２人称複数形になりますと「お気をつけ下さい」のように丁寧表現になり
ます。

▎文法——関係詞の که

　この課では関係詞の که について学習します。先行詞に無強勢の ī を付けます。
ただし、原則として、指示代名詞、人称代名詞、人称接尾辞、固有名詞には付
けません。ここでは次の６種類の文例について学習しましょう。

A. 先行詞が関係詞節の主格になり、かつ、主文の主語になる場合

مردی که آنجاست پدر اوست.

そこにいる男性は彼（彼女）の父親です。

B. 先行詞が関係詞節の主格になり、かつ、主文の補語になる場合

آن کتابیست که پارسال در کتابخانه بود.

それは、去年図書館にあった本です。

C. 先行詞が関係詞節の目的格になり、かつ、主文の主語になる場合

کتابی که دیروز خریدم ارزان بود.

昨日、私が買った本は、安かったです。

D. 先行詞が関係詞節の目的格になり、かつ、主文の補語になる場合

آن کتابیست که دیروز خریدم.

それは、昨日、私が買った本です。

E. 先行詞が関係詞節の目的格になり、かつ、主文の目的語となる場合

او کتابی را که دیروز خرید به من داد.

彼（彼女）は、彼が昨日買った本を私に渡しました。

F. 先行詞が関係詞節の主格になり、かつ、主文の目的語になる場合

کتابی را که آنجاست برای من بفرستید.

そこにある本を私に送って下さい。

※EやFのように先行詞が主文の目的語となる場合、必ず先行詞の後ろにراを入れてください。

・・
練 習 問 題
・・

1. 関係詞を使って7語以上のペルシア語文を作成してください。

［基礎単語］ 五指

شَست /shast/ 親指

انگشت اشاره /angosht-e eshāre/
（انگشت سبابه /angosht-e sabbābe/）
人差し指

انگشت میانه /angosht-e miyāne/
中指

انگشت حلقه /angosht-e halqe/ 薬指

انگشت کوچک /angosht-e kūchek/
小指

ペルシア語にも敬語があります。

Jahedzadeh

　インド・ヨーロッパ語族に属する言語に比べて、日本語は敬語表現が体系的であることがよく知られています。実は、インド・ヨーロッパ語族に属するペルシア語は他のインド・ヨーロッパ語に比べて感謝を表す表現が豊富です。世界諸言語における敬語の特質として「相対敬語」と「絶対敬語」があると言われています。日本語のように、「ウチとソト」が存在し、それに基づき、形づけられる敬語は「相対敬語」と呼ばれ、「ウチとソト」に関係なく、朝鮮語のように年齢などによって表現が決まる敬語の場合は「絶対敬語」と呼ばれます。

　ペルシア語はどちらの特質も有しています。まず、「相対敬語」の特徴として、相手が一人でもشماと複数扱いするのは相手（ソト）を上げ、自分（ウチ）のことをبنده（こちら）といって自らを下げるような表現を挙げることができます。それから、どのような場面でも「ウチ」である父や自分が働く会社の社長に敬語を使わなければいけないというマナーは「絶対敬語型」の特徴として挙げられます。

　例えば、「ソト」から電話がかかってきて、父や社長のことが尋ねられたときには、نیستند（いらっしゃいません）と答えるなど、「ウチ」でも年齢的及び立場的に尊敬すべき立場として敬語を使うのが礼儀だとされています。街で見知らぬ人と話すときにも相手に対して敬語を使うのもイラン社会のマナーです。

　実は、ペルシア語の敬語はそんなに難しくありません。相手が一人でも複数扱いすれば9割方なんとかなります。さらに、下に挙げる動詞や人称代名詞の尊敬語と謙譲語を知っておけばもう完璧でしょう。

謙譲語	尊敬語	فارسی	
عرض کردن	فرمودن	گفتن	1
رفتن	تشریف بُردن	رفتن	2
آمدن، خدمتِ کسی رسیدن	تشریف آوردن	آمدن	3
بودن	تشریف داشتن	بودن	4
بنده، حقیر، اینجانب	-	من	5
-	شما، حضرت عالی، سرکارعالی (برای زنها)	تو	6
-	ایشان	او	7

23

受動態

講読

اردبیل، شهری خوش آب و هوا

اردبیل یکی از شهرهایِ شمالِ غربِ ایران و مرکزِ استانِ اردبیل است. هوایِ این شهر در زمستان بسیار سرد و در تابستان مُعتَدِل است. در زمستان در اردبیل برفِ زیادی می‌بارد. استانِ اردبیل یکی از استانهایِ منطقه‌یِ آذربایجان است. مردمِ آذربایجان به زبانِ آذربایجانی حرف می‌زنند. در ایران به این زبان آذری هم گفته می‌شود. زبانِ آذری به زبانِ تُرکیِ استانبولی نزدیک است. ولی از زبانِ فارسی هم بسیار تأثیر گرفته است.

کوهِ سبلان در نزدیکیِ شهرِ اردبیل سوّمین کوهِ بلندِ ایران است. این کوه ۴ هزار و ۸۱۱ متر ارتفاع دارد و از شهرِ اردبیل هم دیده می‌شود. در بالایِ آن دریاچه‌یِ کوچکی قرار دارد. هر سال کوهنوردانِ زیادی به این کوهِ زیبا صعود می‌کنند. در دامنه‌یِ سبلان چشمه‌یِ آبِ گرمِ سرعین قرار دارد. خیلی از مردم به این چشمه‌یِ آبِ گرم می‌آیند.

در تابستان که هوا در جاهایِ دیگر گرم است، دامنه‌یِ سبلان خُنَک است. برایِ همین، عشایرِ اردبیل دامهایِ خود را برایِ چَرا به دامنه‌یِ کوهِ سبلان می‌آورند و آنجا چادر می‌زنند. دامنه‌یِ کوهِ سبلان در تابستان پُر از گوسفند، بُز و حتی شُتُر است. شُغلِ بیشترِ مردمِ اردبیل کشاورزی و دامداری است. همچنین بسیاری از زنانِ عشایر فرشبافی و گلیم بافی هم می‌کنند و فرشها و گلیمهایِ زیبایی می‌بافند.

سوغاتیِ اردبیل، عسل و حلوایِ سیاه است که در بازارِ اردبیل فروخته می‌شود. همچنین لبنیّاتِ اردبیل مانندِ شیر، پنیر، ماست و کره‌یِ محلّی هم بسیار خوشمزه است. آشِ دوغِ اردبیل هم در بینِ گردشگران مشهور است. اگر روزی به اردبیل سفر کردید، حتماً آشِ دوغ بخورید.

تاکاشی: سلام. من از سفر برگشتم.

محمّد: سلام تاکاشی. خوش گذشت؟

تاکاشی: بله جای شما خالی بود.

محمد: کجا رفته بودی؟

تاکاشی: به اُستانِ اردبیل رفته بودم.

محمد: چه جایِ خوبی!

تاکاشی: بله خیلی جای خوبی بود. برای اولین بار به اردبیل رفتم.

محمد: سبلان هم رفتی؟ آنجا چشمه‌ی آب گرم دارد.

تاکاشی: بله چشمه‌ی آب گرم هم رفتم. تعجّب کردم که در ایران هم چشمه‌ی آب گرم هست.

محمد: لبنیّات اردبیل هم خیلی معروف است.

تاکاشی: بله، ماست و کره با عسل اردبیل واقعاً خوشمزه بود.

محمد: راستی، برای من سوغاتی چی آوردی؟

تاکاشی: بفرمایید حلوای سیاه اردبیل.

محمد: اِ! خیلی ممنون. چرا زحمت کشیدید؟ من شوخی کردم.

تاکاشی: خواهش میکنم. ببخشید که کم است.

محمد: خیلی متشکّرم.

▌ 単語・表現

اردبیل /ardabīl/ アルダビール（地名）

استان /ostān/ 州

مُعتَدِل /moʼtadel/ 温和な

منطقه /mantaqe/ 地域

آذربایجان /āzarbāyjān/ アゼルバイジャン（地名）※ここではイラン国内の

24

地名。

آذری　/āzarī/　アーザリー語

استانبول　/estānbūl/　イスタンブール（地名）

تأثیر　/tā'sīr/　影響

سبلان　/sabalān/　サバラーン（地名）

کوهنورد　/kūhnavard/　登山家

صعود　/so'ūd/　登ること

دامنه　/dāmane/　麓、すそ

سرعین　/sare'īn/　サレイーン（地名）

خُنَک　/khonak/　冷たい、涼しい

عشایر　/'ashāyer/　諸部族（عشیره「部族」の複数）

دام　/dām/　家畜

چَرا　/charā/　放牧

چادر　/chādor/　テント、天幕

بُز　/boz/　山羊

حتی...　/hattā/　～でさえも

شُتُر　/shotor/　ラクダ

کشاورزی　/keshāvarzī/　農業

دامداری　/dāmdarī/　牧畜業

عسل　/'asal/　蜂蜜

حلوا　/halvā/　菓子の一種

سیاه　/siyāh/　黒い

لبنیّات　/labaniyāt/　乳製品

کره　/kare/　バター

دوغ　/dūgh/　ヨーグルト飲料

گردشگر　/gardeshgar/　旅行客、観光客

مشهور　/mashhūr/　有名な

شوخی　/shūkhī/　冗談

جای شما خالی /jā-ye shomā khālī/ 直訳すると「あなた場所が空いている」ですが、「あなたがいなくて寂しい」という意味合いとなります。

文法──受動態

この課では受動態について学習します。ペルシア語には受動態がありますが、できるだけ受動態を使わず、能動態で表現します。ただし、動作主が特定できない場合には受動態を使います。受動態は他動詞でしか作られません。

「過去分詞」＋「شدنの活用形（人称・時制）」で受動態が作られます。

دیروز آن کتاب فروخته شد.
昨日、その本は売れました。

از طرف شرکت برای کار به ایران فرستاده شدم.
私は会社に出張でイランに派遣されました。

امروز پستخانه زود بسته می‌شود.
今日、郵便局は早く閉まります。

24

練 習 問 題

1．受動態を使って7語以上のペルシア語文を作成してください。

معده /me'de/ 胃　　　شُش /shosh/ 肺

روده /rūde/ 腸　　　جگر /jegar/ 肝臓

قلب /qalb/ 心臓

口語と文語のペルシア語

Jahedzadeh

　多くの言語の例に漏れず、ペルシア語でも文語（書き言葉）と口語（話し言葉）の間に差があります。ペルシア語の口語では、語の発音を崩したり、語中の音や前置詞を省略したりすることが多いです。したがって、フォーマルな文語のみを習得し、口語のルールを身につけなければネイティブとの会話を楽しめないでしょう。逆に、口語のみを習得すれば、文語の理解に苦しむことになるでしょう。ペルシア語の場合、フォーマルな文語を習得してから口語のルールを身に着ければ両方の習得もスムーズにいくと思われます。

　さて、ペルシア語の文語と口語の主な違いは次の通りです。

　標準ペルシア語となっているテヘラン方言では、astがeだけとなってしまいます。したがって、esm-e man Ali astは、esm-e man Ali-eとなるのです。このeはastが省略された形です。ちなみに、astは、他のインド・ヨーロッパ語族に属する言語における3人称単数のコピュラ（英:is/独:ist/仏:est）の機能を持つ動詞です。

　また、口語では後置詞のrāがroまたはoのみで発音されることが多いです。"Ketāb rā kharīd-am"は"Ketāb ro kharīd-am. "または" ketāb-o kharīd-am. "となります。rāが母音で終わる単語に続いた場合、母音連続を避けるためroで、それ以外の語ではroでもoでも発音されます。例えば、文語で"ketāb-hā rā kharīd-am"という文では、āとoが隣り合わないように、"ketāb-hā-ro　kharīd-am"とrまで発音されます。

　さらに、語中のānがūnに代わることがあります。したがって、nān（ナン）はnūnになります。この規則は通用しない例外もありますので気を付けなければなりません。例えばjahān（世界）はjahūnになりません。

　また、語中のhが省略されたり、動詞の複数人称語尾の-id,-and,がin,anになったりします。例えば、raft-id, kard-idはraft-in, kard-inに、raft-and, kard-andはraft-an,　kard-anになります。移動を表すāmadan,　raftan,　bargashtan, davīdanなどといういわゆる移動動詞が目的地を表す語より先に置かれることも口語の特徴です。下記の口語の文を文語に書き換えてみてください。

Ūn-a　ūmadan　tehrūn. raft-an　dāneshgāh　pesar-eshun-o　didan bargashtan Shirāz.

参考文献リスト

岡﨑正孝『基礎ペルシア語』（第3版）（大学書林、1989年）。

黒柳恒男『現代ペルシア語辞典（合本)』（大学書林、1998年）。

藤元優子『CD エクスプレスペルシア語』（白水社、1998年）。

森茂男『ペルシア語初級文法』（大阪外国語大学、2002年）。

吉枝聡子『ペルシア語文法ハンドブック』（白水社、2011年）。

ラジャブザーデ、ハーシェム『ペルシア語用例集』（大阪外国語大学、2001年）。

Anvari, Hasan. *Farhange Rouze Sokhan.* Tehran: Entesharate Sokhan, 1383 [2004 or 2005].

Gholamreza, Soltani va digaran. *Farhange Motevassete Dehkhoda.* Tehran: Entesharate Daneshgahe Tehran, 1385 [2006 or 2007].

Lambton, Ann K.S. *Persian grammar.* 1953. Cambridge: Cambridge UP, 1990.

MacKenzie, D. N. *A concise Pahlavi dictionary.* London: Oxford University Press, 1971.

Natel Khanlari, Parviz. *Dastoure Zabane Farsi.* Tehran: Entesharate Tous, 1386 [2007 or 2008].

Samareh, Yadollah. *Persian Language Teaching (AZFA).* 5 vols. Tehran: Ministry of Culture and Islamic Guidance, 1993.

付録1．語彙集

本教科書で使用された語彙の一覧です。なお、人称代名詞、数字などは含みません。

単語	発音	日本語訳
	ا	
اِ	/e/	えっ（驚きを表す感動詞）
آب	/āb/	水
آبان	/ābān/	8月（西暦10月23日～11月21日）
ابتدایی	/ebtedāī/	初級の
ابر	/ábr/	雲
ابریشم	/abrīsham/	絹
اتوبان	/otobān/	自動車専用高速道路
اتوبوس	/otobūs/	バス
آخر	/ākhar/(/ākher/)	終わり、終わりの
اذان	/azān/	アザーン、礼拝への呼びかけ
آذر	/āzar/	9月（西暦11月22日～12月21日）
آذربایجان	/āzarbāyjān/	アゼルバイジャン（地名）
آذری	/āzarī/	アーザリー語
آراستن-آرا	/ārāstan/-/ārā/	飾る
آرامگاه	/ārāmgāh/	墓、廟
ارتفاع	/ertefāʿ/	高さ、高度
آرد	/ārd/	粉、小麦粉
اردبیل	/ardabīl/	アルダビール（地名）
اردیبهشت	/ordībehesht/	2月（西暦4月21日～5月21日）
ارزان	/arzān/	低価格な
آرزو کردن	/ārezū kardan/	願う
ارگ	/arg/	城、城塞
ارگ کریمخان	/arge karīmkhān/	キャリーム・ハーン城塞（地名）
از	/az/	～から
از طرف	/az taraf-e/	～の方から
از...لذت بردن	/az/.../lezzat bordan/	～を楽しむ、～を喜ぶ
آژانس	/āzhāns/	ハイヤー、代理店
آسان	/āsān/	簡単な
استاد	/ostād/	教授、師匠
استان	/ostān/	州
استانبول	/estānbūl/	イスタンブール（地名）
اسفند	/esfand/	12月（西暦2月20日～3月20日）
اِسکی	/eskī/	スキー
اسلام	/eslām/	イスラム教
اسلامی	/eslāmī/	イスラム教の
اسم	/esm/	名前
آش	/āsh/	スープ
آشپزخانه	/āshpazkhāne/	台所
آشنا	/āshenā/	知人
آشنایی	/āshenāī/	知り合うこと
اصغر	/asghar/	アスガル（人名[名])
اصفهان	/esfahān/	イスファハーン（地名）
اصلی	/aslī/	本来の、根本の
اصیل	/asīl/	真の、純種の
اطراف	/atrāf/	周辺
آغاز	/āghāz/	始まり、最初
آفرین	/āfarīn/	よくできた！
افطاری	/eftārī/	断食後の夕食
افغانستان	/afghānestān/	アフガニスタン（地名）
اقامت	/eqāmat/	滞在
آقای...	/āghā-ye/	～さん(男性)
اکثر	/aksar/	大部分
اگر	/agar/	もし
الان	/alān/	今
الحَمدُلله	/alhamdolelāh/	おかげさまで、ごちそうさま
الو	/alo/	（電話の会話での）もしもし
امتحان دادن	/emtehān dādan/	試験を受ける
آمدن-آ	/āmadan/-/ā/	来る
امروز	/emrūz/	今日

امروزه	/emrūze/	現在では、現在の
آمریکایی	/āmrikā'ī/	アメリカ人、アメリカの
امسال	/emsāl/	今年
امید	/omīd/	希望、期待
آن	/ān/	あれ、あの、それ、その
انار	/anār/	ザクロ
انبار	/anbār/	物置き
آنجا	/ānjā/	そこ、あそこ
انجیر	/anjīr/	イチジク
انشاءالله	/enshā'allāh/	多分、きっと（元は「神の思し召しがあれば」の意味）
انگشت	/angosht/	指
انگشت اشاره	/angosht-e eshāre/	人差し指
انگشت حلقه	/angosht-e halqe/	薬指
انگشت سبابه	/angosht-e sabbābe/	人差し指
انگشت کوچک	/angosht-e kūchek/	小指
انگشت میانه	/angosht-e miyāne/	中指
انگشتر	/angoshtar/	指輪
انگلیسی	/engelīsī/	英語
انگور	/angūr/	ブドウ
آهسته	/āheste/	ゆっくり
اهل...	/ahl-e/	～人、～の人
آوردَن - آوَر	/āvordan/-/āvar/	持ってくる
اوساکایی	/osākā'ī/	大阪の人
آیا	/āyā/	（です）か
ایتالیایی	/ītālīyā'ī/	イタリアの、イタリア人
ایران	/īrān/	イラン
ایرانی	/īrānī/	イラン人
ایستگاه	/īstgāh/	駅
این	/īn/	これ、この
این ماه	/īn māh/	今月
این هفته	/īn hafte/	今週
اینجا	/īnjā/	ここ

ب

با...	/bā/	～と
با این که...	/bā īnke/	～にも関わらず、～なのですが
با...فرق داشتن	/bā...farq dāshtan/	～と異なる
باارزش	/bāarzesh/	価値のある
بابا	/bābā/	お父ちゃん（呼びかけ）
باد	/bād/	風
بار	/bār/	回
باران	/bārān/	雨（人名[名]、バーラーン）
باریدن-بار	/bārīdan/-/bār/	（雨、雪などが）降る
بازار	/bāzār/	市場
بازار وکیل	/bāzār-e vakīl/	ヴァキール市場（地名）
بازدید کردن	/bāzdīd kardan/	観光する
بازو	/bāzū/	腕
بازهم	/bāz ham/	再び、何度も
بازی کردن	/bāzī kardan/	遊ぶ
باستان	/bāstān/	古代、古代の
باشد	/bāshad/	（それで）かまいません（文語）
باشه	/bāshe/	（それで）かまいません（口語）
باغ	/bāgh/	庭
باغ اِرَم	/bāgh-e eram/	エラム庭園（地名）
بافتن-باف	/bāftan/-/bāf/	編む、織る
بال	/bāl/	翼
بالا	/bālā/	上
بامیه	/bāmiye/	バーミイェ（お菓子の名前）
بانک	/bānk/	銀行
باهم	/bāham/	一緒に
بَد	/bad/	悪い
بدبختانه	/badbakhtāne/	不運にも
برادر	/barādár/	兄（弟）
برادرِ بزرگ	/barādar-e bozorg/	兄
برادرِ کوچک	/barādar-e kūchek/	弟
برای...	/barā-ye/	～のために
برج آزادی	/borj-e āzādī/	アーザーディー・タワー（地名）
برج میلاد	/borj-e mīlād/	ミーラード・タワー（地名）

برخلاف... /bar khelāf-e/ 〜に反して

بُردن- بَر /bordan/-/bar/ 持っていく

برف /barf/ 雪

برق /barq/ 電気

برگ /barg/ 葉

برگشتن- برگرد /bargashtan/-/bargard/ 帰る

برنج /berenj/ 米

بُز /boz/ 山羊

بزرگ /bozorg/ 大きい

بَستَن- بَند /bastan/-/band/ 結ぶ

بستنی /bastanī/ アイスクリーム

بشقاب /boshqāb/ 皿

بعد از ظهر /ba'd az zohr/ 午後

بعضی از... /ba'zī az/ 〜の中のいくつか（何人か）

بلند /boland/ 高い

بله /bale/ はい

بلوچ /balūch/ バルーチー族

بلی /balī/ はい、そのとおり

بلیط /belīt/ 切符

بن بست /bon bast/ 行き止まり

بنابراین /banābarīn/ したがって

بنزین /benzīn/ ガソリン

...به /be/ 〜に

به امید دیدار /be omīd-e dīdār/ お会いすることを期待して

به به /bah bah/ すばらしい、よくやった（感動詞）

به جای... /be jā-ye/ 〜の代わりに

به جز... /be joz/ 〜を除いて

به نام... /be nāme/ 〜という名前で

بهار /bahār/ 春

بهمن /bahman/ 11月（西暦1月21日〜2月19日）

...بی /bī/ 〜なしで

بیدار شدن /bīdār shodan/ 目が覚める、起きる

بیرون /bīrūn/ 外、外の、外へ（で）

...بین /beyn-e/ 〜の間に

بین المللی /beynolmelalī/ 国際の

بی نظیر /bīnazīr/ 類のない、独自の

پ

پا /pā/ 足

پارک /pārk/ 公園

پارک کردن /pārk kardan/ 駐車する

پایتخت /pāytakht/ 首都

پاینده /pāyande/ 永続する（ここでは人名[名]、パーヤンデ）

پاییز /pāyīz/ 秋

پایین /pāyīn/ 下

پُختن- پَز /pokhtan/-/paz/ 料理する

پدر /pedár/ 父

پدربزرگ /pedarbozorg/ 祖父

پرتقال /portoqāl/ オレンジ

پرده /parde/ カーテン

پرنده /parande/ 鳥

پروازهای خارجی /parvāzhā-ye khārejī/ 国際線

پروازهای داخلی /parvāzhā-ye dākhelī/ 国内線

پریروز /parīrūz/ おととい

پس /pas/ それでは、それから

پس فردا /pas fardā/ あさって

پسر /pesar/ 息子、少年

پسر خاله /pesar khāle/ 従兄弟（母方のおばの息子）

پسر دائی /pesar dā'ī/ 従兄弟（母方のおじの息子）

پسر عمّه /pesar 'amme/ 従兄弟（父方のおばの息子）

پسر عمو /pesar 'amū/ 従兄弟（父方のおじの息子）

پسندیدن- پسند /pasandīdan/-/pasand/ 称賛する、選択する

...پشت /posht-e/ 〜の後ろに（で）

پشت /posht/ 後ろ

پشت بام /posht-e bām/ 屋上

پشم /pashm/ 羊毛

پل /pol/ 橋

پلو /polou/ ピラフ

پنجشنبه /panj shanbe/ 木曜日

پنجره /panjare/ 窓

پنیر /panīr/ チーズ

پوشیدن- پوش /pūshīdan/-/pūsh/ （服などを）着る

پول	/pūl/	お金	
پونه	/pūne/	(植物の)メグサハッカ（人名[名]、プーネ)	
پیاده‌رو	/piyāderou/	歩道	
پیر	/pīr/	老いた	
پیش	/pīsh/	前	

ت

تا...	/tā/	～まで
تا به حال	/tā be hāl/	これまでに
تابستان	/tābestān/	夏
تأثیر	/ta'sīr/	影響
تاجیکستان	/tājīkestān/	タジキスタン（地名)
تاجیکی	/tājīkī/	タジク語
تاریخی	/tārīkhī/	歴史の、歴史的な
تاریک	/tārīk/	暗い
تازه	/tāze/	新しい
تبریز	/tabrīz/	タブリーズ（地名)
تبریک	/tabrīk/	祝い
تبریک گفتن	/tabrīk goftan/	お祝いを伝える
تپّه	/tappe/	丘
تجربه کردن	/tajrobe kardan/	経験する
تحصیل	/tahsīl/	学習
تخفیف دادن	/takhfīf dādan/	値引きする
ترافیک	/terāfīk/	交通渋滞
ترشی	/torshī/	漬物
ترک	/tork/	トルコ人、トルコ系
ترکمن	/torkaman/	トルクメン人
تشکّر کردن	/tashakkor kardan/	感謝する
تصادف	/tasādof/	衝突、事故
تصمیم گرفتن	/tasmīm gereftan/	決心する
تعطیل	/ta'tīl/	休み、休日
تعطیلات	/ta'tīlāt/	休み、休暇（تعطیلの複数)
تکلیف	/taklīf/	宿題
تلفن	/telefon/	電話
تماسّ	/tamāss/	連絡、接触
تمام شدن	/tamām shodan/	終わる
تمام کردن	/tamām kardan/	終える

تمیز	/tamīz/	清潔な
تند	/tond/	速く
تهران	/tehrān/	テヘラン（地名)
تهرانی	/tehrānī/	テヘランの人
توت	/tūt/	桑の実
توصیه کردن	/tousiye kardan/	推薦する
تیر	/tīr/	4月（西暦6月22日～7月22日)

ج

جا	/jā/	場所、席
جادار	/jādār/	広い
جاده	/jādde/	道
جالب	/jāleb/	面白い
جان	/jān/	ちゃん（親しい人や子供への敬称)
جایزه	/jāyeze/	賞
جدایی	/jodāī/	別離
جدید	/jadīd/	新しい
جرأت	/jor'at/	勇気
جزء	/joz'/	部分
جزیره	/jazīre/	島
جزئی از...	/joz'ī az/	～の一部
جشن	/jashn/	祭り、祝い
جشن گرفتن	/jashn gereftan/	祝う
جشنواره	/jashnvāre/	祝祭
جگر	/jegar/	肝臓
جلوی...	/jelou-ye/	～の前に（で)
جمع شدن	/jam' shodan/	集まる
جمعه	/jom'e/	金曜日
جمعیّت	/jam'iyat/	人口
جنس	/jens/	品質、質
جنگل	/jangal/	森
جنوب	/jonūb/	南
جهان	/jahān/	世界
جوان	/javān/	若い

چ

چادر	/chādor/	テント、天幕
چپ	/chap/	左
چرا	/cherā/	なぜ
چَرا	/charā/	放牧
چشم	/cheshm/	目

چشمه	/cheshme/	泉	

چطور /chetour/ いかに、どのように

چقدر /cheqadr/ どれほど

چنگال /changāl/ フォーク

چه /che/ 何

چه زحمتی /che zahmatī/ 大したことありません

چهارشنبه /chahār shanbe/ 水曜日

چند /chand/ いくつ

چون /chon/ なぜなら、〜だから、〜なので

چیز /chīz/ もの、こと

ح

حافظ /hāfez/ ハーフェズ（人名）

حال /hāl/ 状況、機嫌

حتماً /hatman/ 必ず

حتی... /hattā/ 〜でさえも

حُدوده... /hodūde/ 約〜、おおよそ〜

حرف زدن /harf zadan/ 会話する

حلوا /halvā/ 菓子の一種

حلیم /halīm/ ハリーム（料理の名前）

حمّام /hammām/ 風呂

حمید /hamīd/ ハミード（人名[名]）

حیاط /hayāt/ 中庭

حیف /heif/ 残念

خ

خاتمکاری /khātamkārī/ 象眼細工

خارجی /khārejī/ 外国の、外国人

خال /khāl/ ほくろ

خاله /khāle/ 母方のおば

خانُم /khānom/ 女

خانُم... /khānome/ 〜さん(女性)

خانه /khāne/ 家

خانه‌دار /khānedār/ 主婦

خانواده /khānevāde/ 家族

خُداحافظ /khodāhāfez/ さようなら

خدا را شکر /khodā ra shokr/ 神に感謝を

خدانگهدار /khodānegahdār/ さようなら

خدمت /khedmat/ 服務、奉仕、面前

خرداد /khordād/ 3月（西暦5月22日～

6月21日）

خریدن-خَر /kharīdan/-/khar/ 買う

خسته شدن /khaste shodan/ 疲れる

خشک /khoshk/ 乾いた

خلیج /khalīj/ 湾

خَندیدَن-خَند /khandīdan/-/khand/ 笑う

خُنَک /khonak/ 冷たい、涼しい

خواب /khāb/ 眠り、夢

خوابیدن-خواب /khābīdan/-/khāb/ 眠る、寝る

خواندن-خوان /khāndan/-/khān/ 読む、学ぶ

خواهر /khāhar/ 姉（妹）

خواهرِ بزرگ /khāhar-e bozorg/ 姉

خواهرِ کوچک /khāhar-e kūchek/ 妹

خواهش می‌کنم /khāhesh mi-kon-am/ どういたしまして、どうか、どうも

خوب /khūb/ 良い

خود /khod/ 自分

خوراکی /khorākī/ 食べ物

خوردَن-خور /khordan/-/khor/ 食べる

خوش آمدی /khosh āmad-ī/ ようこそ（2人称複数の場合はخوش آمدید）

خوشحال /khoshhāl/ うれしい

خوشگل /khoshgel/ 美しい、きれいな

خوشمزه /khoshmaze/ おいしい

خوشوقت /khoshvaqt/ （お会いして）うれしい

خویشاوند /khīshāvand/ 親類

خیلی /kheilī/ とても

د

داخل /dākhel/ 内部、内側

دادَن-ده /dādan/-/deh(dah)/ 与える

داستان /dāstān/ 物語

دام /dām/ 家畜

دامداری /dāmdarī/ 牧畜業

دامنه /dāmane/ 麓、すそ

دانستن-دان	/dānestan/-/dān/	知る、知っている
دانِشجو	/dāneshjū/	大学生
دانِشگاه	/dāneshgāh/	大学
دائی	/dāī/	母方のおじ
دبستان	/dabestān/	小学校
دختر	/dokhtar/	娘、少女
دختر خاله	/dokhtar khāle/	従姉妹（母方のおばの娘）
دختر دائی	/dokhtar dāī/	従姉妹（母方のおじの娘）
دختر عمّه	/dokhtar 'amme/	従姉妹（父方のおばの娘）
دختر عمو	/dokhtar 'amū/	従姉妹（父方のおじの娘）
در...	/dar/	〜の中に（で）
در	/dar/	ドア、門
در آوردن	/dar āvardan/	脱ぐ
در خارج از...	/dar khārej az/	〜の外で
دراز	/derāz/	長い
دربارهی...	/darbāre-ye/	〜について
درس دادن	/dars dādan/	教える
درست کردن	/dorost kardan/	作る
دری	/darī/	ダリー語
دریا	/daryā/	海
دریاچه	/daryāche/	湖
دَسْت	/dast/	手
دستباف	/dastbāf/	手織りの
دستشوئی	/dastshūī/	トイレ、手洗所
دسته‌گل	/daste gol/	花束
دسر	/deser/	デザート
دعوت کردن	/da'vat kardan/	招待する
دفعه	/daf'e/	回
دماغ	/damāgh/	鼻
دندان	/dandān/	歯
ده	/deh/	村
دهان	/dahān/	口
دوشنبه	/do shanbe/	月曜日
دوچرخه	/docharkhe/	自転車
دور	/dour/	回転
دور	/dūr/	遠い

دورگه	/dorage/	混血（の）
دوست	/dūst/	友人
دوست داشتن	/dūst dāshtan/	好む、好きである
دوغ	/dūgh/	ヨーグルト飲料
دویدن-دو	/davīdan/-/dav/	走る
دی	/dey/	10月（西暦12月22日〜1月20日）
دیدار	/dīdār/	面会、見物
دیدن کردن	/dīdan kardan/	見物する
دیدن-بین	/dīdan/-/bīn/	見る
دیدنی	/dīdanī/	見るに値する
دیر	/dīr/	遅く、遅い
دیروز	/dīrūz/	昨日
دیگر	/dīgar/	別の
دین	/dīn/	宗教
دیوار	/dīvār/	壁

ر

راست	/rāst/	右
راستی	/rāstī/	ところで
رانندگی	/rānandegī/	運転
راه	/rāh/	道
راه آهن	/rāhāhan/	鉄道
رستوران	/restorān/	レストラン
رسمی	/rasmī/	公式の
رسیدن-رس	/rasīdan/-/ras/	着く、到着する
رشته کوه البرز	/reshte kūh-e alborz/	アルボルズ山脈
رَفتَن-رو	/raftan/-/rou(rav)/	行く
رودخانه	/rūdkhāne/	川
روده	/rūde/	腸
روز	/rūz/	日、昼間
روز بعد	/rūz-e ba'd/	後日
روز تولّد	/rūz-e tavallod/	誕生日
روزه گرفتن	/rūze gereftan/	断食をする
روسری	/rūsarī/	スカーフ
روشن	/roushan/	明るい
روی...	/rūye/	〜の上に（で）
ریحانه	/reyhāne/	（植物の）メボウキ（人名[名]、レイハー

ね)
ریختَن- ریز	/rīkhtan/-/rīz/	注ぐ
رئیس	/ra'īs/	長、社長

ز

زبان	/zabān/	言語、舌
زبان گفتاری	/zabān-e goftārī/	話し言葉、口語
زبان نوشتاری	/zabān-e neveshtārī/	書き言葉、文語
زحمت کشیدن	/zahmat keshīdan/	苦労する
زشت	/zesht/	醜い
زمستان	/zemestān/	冬
زن	/zan/	妻
زنگ زدن	/zang zadan/	電話する
زود	/zūd/	早く 、早い
زولبیا	/zūlbiyā/	ズールビヤー（お菓子の名前）
زیاد	/ziyād/	多い
زیبا	/zībā/	美しい
زیر...	/zīre/	～の下に（で）
زیرزمین	/zīrzamīn/	地下室

ژ

ژاپن	/zhāpon/	日本
ژاپنی	/zhāponī/	日本人

س

ساختَن- ساز	/sākhtan/-/sāz/	作る
ساعت	/sā'at/	時間、～時、時計
ساعدی	/sā'edī/	サーエディー（人名[姓]）
سال	/sāl/	年、～才
سالاد	/sālād/	サラダ
سال آینده	/sāl-e āyande/	来年
سال گذشته	/sāl-e gozashte/	去年
...سالگی	/sālegī/	～才
سبز	/sabz/	緑の
سبزه	/sabze/	緑草
سبزی	/sabzī/	野菜
سبزی‌پلو با ماهی	/sabzīpolou bā māhī/	サブズィ

		ーポロウ・バー・マーヒー（料理の名前）
سبک	/sabok/	軽い
سبلان	/sabalān/	サバラーン（地名）
سحری	/sahrī/	断食前の朝食
سخت	/sakht/	難しい
سخت شدن	/sakht shodan/	難しくなる
سدان	/sedān/	セダン
سر	/sar/	頭
سرد	/sard/	寒い、冷たい
سرعین	/sare'īn/	サレイーン（地名）
سرگرمی	/sargarmī/	娯楽
سعدی	/sa'dī/	サアディー（人名）
سفارت	/sefārat/	大使館
سفر	/safar/	旅行
سفره	/sofre/	テーブルクロス
سقف	/saqf/	天井
سگ	/sag/	犬
سَلام	/salām/	こんにちは
سلامتی	/salāmat/	健康
سُنَّتی	/sonnatī/	伝統的な
سنگین	/sangīn/	重い
سه شنبه	/se shanbe/	火曜日
سوار شدن	/savār shodan/	(乗り物、馬などに)乗る
سواری	/savārī/	乗合タクシー、乗用車
سؤال	/so'āl/	質問
سوغات	/soughāt/	旅の土産
سی و سه پل	/sī o se pol/	三十三大橋（地名）
سیاه	/siyāh/	黒い
سیر	/sīr/	ニンニク
سیمین	/sīmīn/	スィーミーン（人名[名]）
سینی	/sīnī/	盆

ش

شاعر	/shā'er/	詩人
شام	/shām/	夕食
شب	/shab/	夜
شُتُر	/shotor/	ラクダ
شرق	/sharq/	東
شروع	/shorū'/	開始
شروع کردن	/shorū' kardan/	始める
شَست	/shast/	親指

فروردین /farvardīn/ 1月（西暦3月21日〜4月20日）

فروشگاه ماشین /forūshgāh-e māshīn/ 自動車販売店

فروشنده /forūshande/ 販売員、店員

فصل /fasl/ 季節

فقط /faqat/ 単に、ただ〜だけ

فنجان /fenjān/ ティーカップ

فَهمیدَن-فَهم /fahmīdan/-/faham/ 理解する

فیلم /fīlm/ 映画、映画館

ق

قابل... /qābel-e/ 〜に値する

قاشق /qāshoq/ スプーン

قبل از... /qabl az/ 〜の前に

قبل از ظهر /qabl az zohr/ 午前

قبلاً /qablan/ 以前に

قدیم /qadīm/ 昔（の）

قدیمی /qadīmī/ 昔の、古い

قرار داشتن /qarār dashtan/ 位置する

قشنگ /qashang/ かわいい

قطار /qatār/ 列車

قلب /qalb/ 心臓

قَلَم /qalam/ ペン

قلمزنی /qalamzanī/ 金属工芸

قورمەسبزی /qormesabzī/ ゴルメサブズィー（料理の名前）

قوم /qoum/ 民族、親族

قوی /qavī/ 強い

قیمت /qeimat/ 値段

قیمه /qeyme/ ゲイメ（料理の名前）

ک

کاخ سعدآباد /kākh-e sa'dābād/ サーダーバード宮殿（地名）

کاخ گلستان /kākh-e golestān/ ゴレスターン宮殿（地名）

کادو /kādo/ 贈り物

کار /kār/ 仕事、用事

کارد /kārd/ ナイフ

کارگردان /kārgardān/ （映画）監督

کارمند /kārmand/ 職員

کاشان /kāshān/ カーシャーン（地名）

کاغذ /kāghaz/ 紙

کامیون /kāmiyūn/ トラック

کباب /kabāb/ 焼肉

کتاب /ketāb/ 本

کتابخانه /ketābkhāne/ 図書館

کثیف /kasīf/ 汚い

کجا /kojā/ どこ

کدام /kodām/ どれ、どの

کرد /kord/ クルド族

کردن-کن /kardan/-/kon/ する、行う

کره /kare/ バター

کشاورزی /keshāvarzī/ 農業

کشور /keshvar/ 国

کشیدن-کش /keshīdan/-/kesh/ 引く、描く

کفش /kafsh/ 靴

کلاس /kelās/ 教室、授業、学年

کلاه /kolāh/ 帽子

کلید /kelīd/ 鍵

کم /kam/ 少ない

کمربند /kamarband/ ベルト

کمک /komak/ 助け

کمی /kamī/ 少し

کنار... /kenār-e/ 〜の横に（で）

کنار /kenār/ 端、脇

که این طور /ke īn tour/ 「なるほど」、「そうなの？」

کهنه /kohne/ 古い

کوبەای /kōbe'ī/ 神戸の人

کوتاه /kūtāh/ 短い

کوچک /kūchek/ 小さい

کودکی /kūdakī/ 子ども時代

کوه /kūh/ 山

کوهنورد /kūhnavard/ 登山家

کی /kī/ 誰

کی /kei/ いつ

کیارستمی /kyārostamī/ キアロスタミ（人名[姓]）

کیف /kīf/ かばん

گ

گاهی	/gāhī/	ときどき
گاو	/gāv/	牛
گران	/gerān/	高価格な
گران‌قیمت	/gerān qīmat/	高価な、(値段が) 高い
گربه	/gorbe/	猫
گردش	/gardesh/	散歩、遠足
گردشگر	/gardeshgar/	旅行客、観光客
گردن	/gardan/	首
گرفتن- گیر	/gereftan/-/gīr/	取る
گُرگی	/gorgī/	オオカミのような (文中では犬の名前)
گرم	/garm/	暑い、熱い
گُفتَن- گو	/goftan/-/gū/	言う
گُل	/gol/	花
گل رُز	/gol-e roz/	バラの花
گل سرخ	/gol-e sorkh/	(赤い) 薔薇
گلاب	/golāb/	薔薇水
گلآرایی	/gol'ārāī/	生け花
گل‌فروشی	/golforūshī/	花屋
گلیم	/gelīm/	キリム
گَندم	/gandom/	小麦
گواهینامه	/govāhīnāmh/	免許証
گوسفند	/gūsfand/	羊
گوش	/gūsh/	耳

ل

لباس	/lebās/	服
لبنیّات	/labaniyāt/	乳製品
لذّت بردن	/lezzat bordan/	楽しむ
لر	/lor/	ロル族
لطفاً	/lotfān/	どうぞ (要請する動詞と共に)
لهجه	/lahje/	方言
لیوان	/līvān/	コップ

م

مادر	/mādár/	母
مادربزرگ	/mādarbozorg/	祖母
مارس	/mārs/	3月 (西暦)

ماری	/mārī/	メアリー (英語の人名 Maryのペルシア語表記)
ماست	/māst/	ヨーグルト
ماشین	/māshīn/	自動車
ماشین	/māshīn/	自動車
ماندن- مان	/māndan/-/mān/	残る、滞在する
ماه آینده	/māh-e āyande/	来月
ماه پیش	/māh-e pīsh/	先月
ماه رمضان	/māh-e ramezān/ (/māh-e ramazān/)	ラマザーン月 (イスラム暦の第9月)
ماهی	/māhī/	魚
مبارک باشد	/mobārak bāshad/	おめでとう
مبل	/mobl/	ソファー
متأسّفانه	/mota'assefāne/	残念ながら
متر	/metr/	メートル
مترو	/metro/	地下鉄
مُتَشَکّرم	/motashakkeram/	ありがとう
متوجّه شدن	/motavajjeh shodan/	理解する
مثلِ...	/mesl-e/	〜のような (に)
مثلاً	/masalan/	例えば
مجیدی	/majīdī/	マジーディー (人名[姓])
محلّ	/mahall/	場所
مخصوص	/makhsūs/	特別の
مداد	/medād/	鉛筆
مدّت	/moddat/	期間
مدرسه‌ی ابتدایی	/madrese-ye ebtedāī/	小学校
مُدل	/model/	(製品の) モデル
مربّا	/morabbā/	ジャム
مَرد	/mard/	男
مرداد	/mordād/	5月 (西暦7月23日〜8月22日)
مرسی	/mersī/	ありがとう
مرطوب	/martūb/	湿気がある
مرکز	/markaz/	中心
مزاحم شدن	/mozāhem shodan/	迷惑をかける
مزاحمت	/mozāhemat/	迷惑

مساجد	/masājed/	（複数の）モスク（مسجدの複数形）		مؤسّسه	/mo'assese/	専門学校、語学学校、塾、研究所
مسافر	/mosāfer/	旅人、旅行者		موفّقیّت	/movaffaqiyat/	成功
مسافرت	/mosāferat/	旅行		میدان	/meidān/	広場
مسجد شیخ لطفالله	/masjed-e sheikh lotfollāh/	シェイフ・ロトフォッラーモスク（モスクの名前）		میدان امام	/meidān-e emām/	イマーム広場（地名）
				میرزاقاسمی	/mīrzāqāsemī/	ミールザーガーセミー（料理の名前）
مسلمان	/moslemān/	イスラム教徒		میز	/mīz/	机
مسواک زدن	/mesvāk/	歯をみがく		میلیون	/mīlyūn/	1,000,000（百万）
مسئول	/mas'ūl/	責任者		میناکاری	/mīnākārī/	エナメル（ホーロー）細工
مشتاق	/moshtāq/	熱望している				
مشکل	/moshkel/	困難		میو میو	/miyu miyu/	ニャーニャー（猫の鳴き声の擬音語）
مشهد	/mashhad/	マシュハド（地名）				
مشهور	/mashhūr/	有名な		میوه	/mīve/	果物
مشورت کردن	/mashvarat kardan/	相談する				

ن

مُعتَدِل	/mo'tadel/	温和な		ناخن	/nākhon/	爪
معده	/me'de/	胃		نادر	/nāder/	ナーデル（人名[名])
معرّفی کردن	/mo'arrefī kardan/	紹介する		نارنگی	/nārangī/	ミカン
				نازک	/nāzok/	薄い
معروف	/ma'rūf/	有名な		نامه	/nāme/	手紙、書状
معلم	/mo'allem/	教師		نان	/nān/	パン
معماری	/me'mārī/	建築、建築物		ناهار	/nāhār/	昼食
معمولاً	/ma'mūlan/	普通		نزدیک	/nazdīk/	近い
مغازه	/maghāze/	お店		نشان دادن	/neshān dādan/	示す
مغرب	/maghreb/	日没時、西				
ممنون	/mamnūn/	ありがとう		نصف	/nesf/	半分
منار	/menār/	（モスクの）尖塔		نصف شب	/nesf-e shab/	夜中
منار جُنبان	/menār jonbān/	メナーレ・ジョンバーン（地名）		نفر...	/nafar/	～人（人数を数える助数詞）
منتظر	/montazer/	待っている		نگهداری شدن	/negahdārī shodan/	保存される
منطقه	/mantaqe/	地域				
مهدکودک	/mahd-e kūdak/	幼稚園、保育所		نماز خواندن	/namāz khāndan/	礼拝する、お祈りをする
مهر	/mehr/	7月（西暦9月23日〜10月22日）		نه	/na/	いいえ
				نو	/nou/	新しい
مهربان	/mehrabān/	優しい		نوروز	/nourūz/	イラン暦正月
مهمّ	/mohemm/	重要な		نوشتن - نویس	/neveshtan/-/nevīs/	書く
مهمانی گرفتن	/mehmānī gereftan/	客に招かれる、お呼ばれする		نوشیدن - نوش	/nūshīdan/-/nūsh/	飲む
مو	/mū/	髪		نوع	/nou'/	種類
مواظب	/movāzeb/	注意深い		نوه	/nave/	孫
مواظب خودتان باشید	/movāzeb-e khod-etān bāsh-īd/	注意してください		نیز...	/nīz/	～も
موزه	/mūze/	博物館				

ه ی

هر هفته	/har hafte/	毎週		یا...یا...	/yā...yā.../	～か～か、～または～
هرروز	/har rūz/	毎日		یاد گرفتن	/yād gereftan/	習う、記憶する
هرگز	/hargez/	決して（～ない）（否定形の動詞と共に）		یادگیری	/yādgīrī/	学習
				یخچال	/yakhchāl/	冷蔵庫
هفته‌ی آینده	/hafte-ye āyande/ 来週			یزد	/yazd/	ヤズド（地名）
هفته‌ی پیش	/hafte-ye pīsh/ 先週			یزدانی	/yazdānī/	ヤズダーニー（人名[姓]）
همچنین	/hamchonīn/	このように、このような		یکشنبه	/yek shanbe/	日曜日
همدیگر	/hamdīgar/	お互い		یکی از...	/yekī az/	～の中の1つ（1人）
همسر	/hamsar/	配偶者		ین	/yen/	円（日本の通貨）
همکاری کردن	/hamkārī kardan/ 協力する					
همکلاس	/hamkelās/	同級生				
همیشه	/hamīshe/	いつも				
همین	/hamīn/	まさにこれ、まさにこの				
هندوانه	/hendevāne/	スイカ				
هندی	/hendī/	インドの、インド人				
هنر	/honar/	技術、芸術				
هنگام	/hengām/	時				
هنوز	/hanūz/	まだ				
هوا	/havā/	天候				
هواپیما	/havāpeymā/	飛行機				
هوشنگ	/hūshang/	フーシャング（人名）				

و

واق واق	/vāq vāq/	ワンワン（犬の鳴き声の擬音語）
واقعاً	/vāqe' an/	まじめな、（会話文で）「本当？」の意味
وجود داشتن	/vojūd dāshtan/ 存在する	
ورود	/vorūd/	到着、入ること
وسط	/vasat/	真ん中
وقت	/vaqt/	時、時間
وقتی که...	/vaqtī ke/	～する時
وکیل	/vakīl/	弁護士、代議士
ولی	/valī/	しかし

付録2. 索引

179

竹原　新（タケハラ　シン）

1971年島根県生まれ。大阪外国語大学外国語学部ペルシア語学科卒業、大阪外国語大学大学院言語社会研究科言語社会専攻博士後期課程修了、現在、大阪大学大学院言語文化研究科准教授。専門はイラン民俗学。著書に『イランの口承文芸—現地調査と研究—』（溪水社、2001年）がある。

ベヘナム・ジャヘドザデ

1978年イランの東アーザルバーイジャーン州（現在のアルダビール州）生まれ。テヘラン大学外国語学部日本語日本文学科卒業、京都大学大学院人間・環境学研究科博士後期課程修了、現在、大阪大学大学院言語文化研究科講師。専門は言語学。文法学を中心とするペルシア語学及びペルシア語教育法についての論文がある。

大阪大学外国語学部　世界の言語シリーズ 15

ペルシア語

発行日	2020年3月31日　初版第1刷	
	2023年8月20日　初版第2刷	
著　　者	竹原　新	
	ベヘナム・ジャヘドザデ	
発 行 所	大阪大学出版会	
	代表者　三成賢次	
	〒565-0871	
	大阪府吹田市山田丘2-7　大阪大学ウエストフロント	
	電話　06-6877-1614	
	FAX　06-6877-1617	
	URL　http://www.osaka-up.or.jp/	
組　　版	株式会社 トーヨー企画	
印刷・製本	株式会社 遊文舎	

Ⓒ S. Takehara, B. Jahedzadeh 2020　　　　Printed in Japan
ISBN 978-4-87259-340-2 C3087

大阪大学外国語学部

世界の言語シリーズ **15**

ペルシア語
［別冊］

大阪大学出版会

ペルシア語〈別冊〉

購読の日本語訳と練習問題解答例

第2課　単語の読み方と書き方

練習問題　（省略）CDに音声があります。

第3課　文の種類と語順
彼（彼女）は誰ですか？
彼（彼女）は教師ですか？
はい、彼（彼女）は教師です。
いいえ、彼（彼女）は教師ではありません。彼（彼女）は大学生です。

第4課　エザーフェ

ペルシア語の本
これはペルシア語の本です。これはタカシの本です。
これはかばんです。これはサクラのかばんです。
彼女はサクラです。彼女はタカシの友人です。
彼らはペルシア語（専攻）の大学生です。
ペルシア語はイラン、アフガニスタン、タジキスタンの言語です。
サーエディーさんはペルシア語（専攻）の教員です。こちらはサーエディーさんの家族です。シャフラームはサーエディーさんの息子で、バーラーンは彼の娘です。レイハーネさんはサーエディーさんの妻です。彼らの家はテヘランにあります。

練習問題　（省略）問題に解答例があります。

第6課　動詞

彼（彼女）はイラン人です。
　この少年はタカシです。この少女はサクラです。彼らは大学生です。彼らは日本人です。
彼はハミード・サーエディーです。彼はペルシア語の教員です。彼は日本人ではありません。彼はイラン人です。
こちらはサーエディーさんの息子です。彼の名前はシャフラームです。こちらはサーエディーさんの娘です。彼女の名前はバーラーンです。こちらはサーエディーさんの妻です。彼女の名前はレイハーネです。
　こちらはプーネです。プーネもイラン人です。彼女は大学生です。

あなたの名前は何ですか？
タカシ：こんにちは。
サクラ：こんにちは。
タカシ：私はマツイ・タカシです。あなたの名前はなんですか？
サクラ：私はスズキ・サクラです。
タカシ：私はペルシア語（専攻）の大学生です。
サクラ：私もペルシア語（専攻）の大学生です。
タカシ：あなたは私の同級生ですか？
サクラ：はい、私達は同級生です。
タカシ：あなたは大阪の方ですか？

サクラ：はい、私は大阪の人です。あなたも大阪の方ですか？
タカシ：いいえ、私は大阪の人ではありません。神戸の人です。

練習問題1　（解答例）
肯定文：من دانشجوی این دانشگاه هستم.　私はこの大学の学生です。
否定文：من دانشجوی این دانشگاه نیستم.　私はこの大学の学生ではありません。

練習問題2　（解答例）
پسر و دختر من دانشجواند.
私の息子と娘は大学生です。

練習問題3　（解答例）
肯定文：مادربزرگ او مهربان بود.
彼（彼女）の祖母は優しかった。

否定文：آن ماشین من نبود.
それは私の自動車ではなかった。

第7課　動詞

タカシとプーネ
　　こんにちは。私の名前はタカシです。私は18才で、ペルシア語（専攻）の大学生です。
　　私には一人の姉（妹）と一人の兄（弟）がいます。私の姉（妹）の名前はアキコで、兄（弟）の名前はユウヤです。私の父は銀行員です。私の母は主婦です。私の家は神戸にあります。
　　プーネはイラン人のお嬢さんです。彼女も大学生です。彼女はテヘランの人で、21才です。日本語（専攻）の大学生で、月曜日と火曜日と金曜日に授業があります。プーネは私の友人です。彼女はとても優しいです。

私の名前はタカシです。
タカシ：こんにちは。
プーネ：こんにちは。
タカシ：私の名前はタカシです。マツイ・タカシ。
プーネ：私の名前はプーネです。プーネ・ヤズダーニー
タカシ：お会いしてとてもうれしいです。
プーネ：私もお会いしてとてもうれしいです。
タカシ：あなたはイラン人ですか？
プーネ：はい、私はイラン人です。
タカシ：それはよかったです！　私はペルシア語（専攻）の学生です。
プーネ：えっ！　それはいいですね。とてもうれしいです。ペルシア語は難しいですか？
タカシ：いいえ、そんなに難しくはありません。簡単です。
プーネ：しかし、日本語は難しいです。
タカシ：本当？いいえ、そんなことないでしょう。

練習問題1　（解答例）
肯定文：مادر من کیف دارد.
私の母はかばんをもっている。

否定文：من مداد جدید ندارم.
私は新しい鉛筆を持っていない。

練習問題2　（解答例）
肯定文：پدر آنها ماشین داشت.
彼らの父親は自動車を持っていた。

否定文：آن شهر بازار بزرگ نداشت.

2

その町には大きな市場がなかった。

第8課　一般動詞

タカシとサクラ

　サクラはタカシの友人です。彼女もペルシア語を勉強していて、タカシの同級生です。彼らのイラン人の先生の名前はサーエディーさんです。サクラの家は大阪にあります。

　サクラとタカシは、昨年は大学生ではありませんでした。彼らは、今年は大学生です。彼らは、毎日、大学へ来ます。サクラは、毎日、バスで大学に来ますが、タカシは列車で大学に来ます。サクラの家は大学の近くですが、タカシの家は大学から遠いです。彼らはバスと列車の中で本を読みます。タカシはサクラに電話します。彼らは、今日、大学で会い、大学の食堂で昼食を食べます。

電話

サクラ：もしもし、こんにちは。
タカシ：こんにちは。
サクラ：ご機嫌いかが？
タカシ：良いよ。ありがとう。
サクラ：今日はいつ大学へ行くの？
タカシ：10時に行くよ。君はいつ行くの？
サクラ：私は11時にメアリーと一緒に大学へ行くよ。
タカシ：では、11時に大学の食堂で一緒に会おうよ。
サクラ：そうね。
タカシ：さようなら。
サクラ：さようなら。では、11時に大学の食堂の前で会おうね。

練習問題1　（解答例）

من در باران به بازار آمدم.
私は雨の中、市場へ来ました。

第9課　後置詞の ر

イランの季節

イランには四季があります。春、夏、秋、冬。

　春はイランで最も良い季節です。なぜなら、暑くもなく、寒くもないからです。雨がたくさん降り、湿気があります。イラン暦正月（ノウルーズ）は春の季節の始めです。春の季節には緑草や花が多いです。春の果物は桑の実です。

　夏は暑いです。夏の季節には雨が少なく、乾燥しています。この季節には、イランではおいしい果物がたくさんあります。夏の果物は、スイカ、ブドウ、イチジクです。夏には、人々は薄い服を着、水泳をしに海へ行きます。彼らは海が大好きです。

　秋は少し寒くなります。秋の果物はザクロです。この季節には木々の葉が散ります。冬はとても寒く、イランの北部では雪が降ります。人々は厚い服を着ます。冬の果物はミカンとオレンジです。

　サーエディーさんとレイハーネさんは、冬が好きです。なぜなら、彼らはスキーが好きだからです。ブーネは夏が好きです。なぜなら、おいしい果物が多いからです。冬には、サーエディーさんとレイハーネさんはスキーをします。

大学の食堂で

タカシ：あなたは、イラン料理は何が好きですか？
サーエディーさん：私はゴルメサブズィーとゲイメがとても好きです。家ではマーヒーポロウもよく食べます。
タカシ：私もイラン料理がとても好きです。とてもおいしいです。
サーエディーさん：はい、とてもおいしいです。あなたはどこでイラン料理を食べたのですか？
タカシ：イラン料理店です。
サーエディーさん：何を食べましたか？
タカシ：ミールザーガーセミーです。

サーエディーさん：それは良い。私もミールザーガーセミーが好きです。

練習問題1　（解答例）

پدر من آن کیف را دوست داشت.

私の父はそのかばんが好きでした。

第10課　無強勢の ī と強勢のある ī

旧友

　アフマドはサーエディーさんの同級生で旧友の一人です。彼はカーシャーンの人です。カーシャーンはイランの古い町の一つです。カーシャーンには（赤い）薔薇が多いです。カーシャーンのお土産は薔薇水です。アフマドは小学校の先生で、カーシャーンの学校でペルシア語を教えています。彼は今年の秋に日本に来て、一週間、日本に滞在しました。彼はサーエディーさんのためにカーシャーンの薔薇水を持ってきました。

　サーエディーさんとその妻のレイハーネさんは、アフマドを京都へ連れていき、京都の見るに値する場所をアフマドに示しました。彼らは京都御所や金閣寺や銀閣寺に行きました。アフマドは京都で写真をたくさん撮りました。彼は京都で着物と京都のお菓子を買いました。アフマドはサーエディーさんとレイハーネさんにとても感謝しました。

空港で

サーエディーさん：よく来た！　こんにちは、アフマド君。
アフマド：こんにちは、ハミード君。
サーエディーさん：どうもようこそ。
アフマド：ありがとう。
サーエディーさん：疲れた？
アフマド：少し疲れているけれど、問題ないよ。これはカーシャーンの薔薇水だ。カーシャーンのお土産。
サーエディーさん：どうもありがとう。どうして気をつかうの？
アフマド：どういたしまして。大したこないよ！
サーエディーさん：こちらは妻のレイハーネだよ。
レイハーネ：こんにちは、アフマドさん、どうもようこそ。
アフマド：こんにちは、レイハーネさん、ありがとう。お会いしてうれしいです。
レイハーネ：ありがとう。私も同じです。

練習問題1　（解答例）

آن پیر مرد همیشه سوغاتی می‌آورد.

あの老人はいつもあるお土産を持ってきます。

第11課　前置詞

サーエディーさんの家族

　サーエディーさんの家族は4人です。サーエディーさんには、ひとりの息子とひとりの娘がいます。彼の娘の名前はバーラーンで、彼の息子の名前はシャフラームです。バーラーンは7才で、シャフラームは10才です。彼らは小学校へ通っています。

　サーエディーさんの妻の名前はレイハーネさんです。レイハーネさんはじゅうたんを織っていて、生け花がとても好きです。彼女は毎週日曜日に生け花教室に行きます。レイハーネさんは日本人の友人たちにじゅうたん織りを教えています。じゅうたん織りはイランの重要な手工業です。

　サーエディーさんの家族は、去年、日本に来ました。彼らは、毎年、夏に友人たちや知人たちに会うためにイランへ行きます。彼らは一ヶ月イランに滞在します。

インドレストランで

バーラーン：こんにちは、お父ちゃん。
サーエディーさん：こんにちは、バーラーンちゃん。
シャフラーム：こんにちは、お父ちゃん。
サーエディーさん：こんにちは、シャフラームちゃん。

シャフラーム：今晩は夕食を外で食べると言っていたね。
サーエディーさん：はい、この近くだよ。
レイハーネ：いいね。どこで食べるの？
サーエディーさん：この近くにインド料理店があるんだ。
レイハーネ：いいね。私はインド料理がとても好きよ！　辛くてとてもおいしい。
シャフラーム：僕も好きだ。でも、辛すぎるのはあまり好きじゃないよ。
バーラーン：私もインド料理が好きだけど、イタリア料理の方が好きよ。
サーエディーさん：次回はイタリア料理店に行こう。
バーラーン：わかったよ。

練習問題 1　　（解答例）

دیروز من آن کیف سنگین را از بازار به خانه‌ی او بردم.

私は昨日市場から彼の家までその重いカバンを持って行きました。

第12課　人称接尾辞

友人たちとの昼食

　今日、タカシはイラン人の友人のブーネと大学で会いました。彼は同級生のサクラをブーネに紹介しました。彼らは一緒に大学の食堂で食事をしました。ブーネはイランにいる家族や友人の写真を彼らに見せました。彼女は、母親、父親、弟、そして、テヘランにある自宅の写真をサクラとタカシに見せました。タカシも彼の犬の写真をサクラとブーネに見せました。タカシの犬の名前はゴルギーです。サクラは彼女の猫の写真をブーネとタカシに見せました。サクラの猫の名前はミオです。昼食の後、彼らは授業へ行きました。

友人の紹介
タカシ：こんにちは、ブーネ。
ブーネ：こんにちは、タカシ。
タカシ：ご機嫌は良いですか？
ブーネ：ありがとう、良いです。ご機嫌いかがですか？
タカシ：私も良いです。ありがとう。こちらは友人のサクラです。
サクラ：こんにちは。私はサクラです。
ブーネ：こんにちは、お知り合いになれてうれしいです。
サクラ：ありがとう。私もお知り合いになれてうれしいです。
ブーネ：タカシと同じく、あなたもペルシア語が上手ですね。
サクラ：ありがとう、私も大学のペルシア語（専攻）の学生です。
ブーネ：そうなの。あなたの家も神戸にあるのですか？
サクラ：いいえ、私たちの家は神戸にはありません。私たちの家は大阪にあります。

練習問題 1　　（解答例）

ما پارسال با دوستانمان به خانه‌شان رفتیم.

私たちは私たちの友人たちと彼らの家へ行きました。

第13課　命令文と接続法

タカシは朝6時に起きなければならない。

　タカシは月曜日には8時50分からペルシア語の授業があります。彼は朝6時に起きなければなりません。歯を磨き、服を着て、朝食をとり、8時までに列車に乗らなければなりません。このため、彼は日曜日の夜、早く寝なければなりません。彼は週末には友人たちと外出します。しかし、授業が始まるまでに宿題を終えないといけません。ときどき、遅れてしまいます。このため、列車の駅まで走らないといけません。

　イランでは土曜日が週の始まりの日です。木曜日と金曜日は週末でお休みです。イランでは、人々は週末に散歩しに山や公園へ行きます。お互いの家に行ってお呼ばれする人たちもいます。イラン人は、飲んだり、食べたり、おしゃべりするのが好きです。

ごめんなさい、今日は行けません。

プーネ：こんにちは、タカシ。
タカシ：こんにちは、プーネ。
プーネ：ご機嫌は良い？
タカシ：良いよ。ありがとう、君はご機嫌良い？
プーネ：私も良いよ。ありがとう。いっしょにパーティーへ行かない？
タカシ：とても行きたい。でも、ごめんなさい、今日は行けないんだ。
プーネ：どうして？
タカシ：今日は仕事をしないといけないからね。
プーネ：わかった。では、別の日に行こう。
タカシ：わかった。何度もごめんなさい。
プーネ：どういたしまして。いいですよ。

練習問題1　（解答例）

زودتر از دیروز به مدرسه برو.

昨日より早く学校へ行きなさい。

第14課　可能、希望

自動車の購入

　サーエディーさんの家は職場から遠いです。彼は自転車で職場まで行きます。しかし、道が遠いので時々疲れます。雨の日や暑い日に自転車に乗るのは辛いです。このため、サーエディーさんは自動車を買って、自動車で職場に通いたいです。その上、もし、サーエディーさんが自動車を買ったなら、サーエディーさんの家族は休みに自分で自動車に乗って遠足や旅行に行くことができます。2ヶ月前、サーエディーさんは運転免許証を取りました。イランでは、日本と異なり、自動車は道路の右側を走ります。サーエディーさんは日本の運転に慣れたいです。

　サーエディーさんとその妻のレイハーネさんは、大阪の自動車販売店に行きました。自動車販売店にはフーシャングという名前のイラン人がいました。彼らは何台かの日本車や外国車を見ました。レイハーネさんは小型車が好みでした。しかし、4人家族なので、広い自動車を買いました。シャフラームもバーラーンもとても喜びました。

自動車販売店で

フーシャング：こんにちは、ようこそ。どうぞ。
サーエディーさん：こんにちは。
フーシャング：ようこそ。
サーエディーさんとレイハーネさん：ありがとう。
フーシャング：さて、どのような自動車を買われたいのですか？
サーエディーさん：きれいで広い自動車です。
フーシャング：このセダンはどうですか？
サーエディーさん：セダンはとても良いです。しかし、高価ですし、買うことはできません。
フーシャング：このモデルはどうですか？　このモデルはとても人気ですよ。
サーエディーさん：このモデルはとてもきれいです。いくらですか？
フーシャング：（お支払いいただくようなことに）値しません。
レイハーネさん：どうもありがとう。
フーシャング：350万円です。安いですよ。高くありません。
サーエディーさん：少し高いです。値引きしてください。
フーシャング：あなたには30万円値引きします。
レイハーネさん：どうもありがとう。
サーエディーさん：ありがとう。これを買います。
フーシャング：どうもありがとうございます。おめでとう。

練習問題1　（解答例）

من هنوز نمی‌توانم خوب فارسی صحبت کنم.

私はまだペルシア語が上手に話せません。

練習問題2　（解答例）

من می‌خواهم زود به خانه برگردی.

私は君に早く家に帰ってきてほしいです。

第15課　義務、推量（確信）

ラマザーン月

　ラマザーン月はイスラム（暦）の月の一つです。イスラム教徒たちはラマザーン月に断食をし、日の出の約2時間前から日の入りのアザーンまで食べませんし、飲みません。イラン人の大部分はイスラム教徒で、ラマザーン月には断食をします。イスラム教では、少女たちは9才、少年たちは15才から礼拝をして断食をします。
　ラマザーン月には、レイハーネさんは朝5時に起き、食事を作ります。この食事をサハリー（断食前の食事）と言います。サーエディーさんとレイハーネさんはサハリーを食べたら、日没まで食事をしたり、水を飲んだりしてはいけません。彼らは日没のアザーンの後に食事をします。この食事をエフターリー（断食後の食事）と言います。アーシュとハリームはラマザーン月の美味しい食べ物です。フェルニーはエフターリーの特別なデザートです。フェルニーは米粉から作ります。フェルニーの上に薔薇ジャムを付けて食べます。ラマザーン月の食べ物に、ズールビヤーやバーミーエというお菓子があります。

私は断食中です

タカシとサクラ：こんにちは、サーエディー先生。
サーエディーさん：こんにちは、スズキさん、マツイさん。ご機嫌いかがですか？
サクラ：ありがとうございます。良いです。
タカシ：サーエディー先生、少しお時間はありますか？
サーエディーさん：はい、時間はあります。何ですか？
サクラ：私たちと一緒に昼食を食べませんか？
タカシ：どうか、一緒に昼食を食べましょう！　私たち同級生は20人です。
サーエディーさん：とても、良い考えです。しかし……。
サクラ：しかし、何ですか？
サーエディーさん：残念ながら、私は行けません。私は、今日、断食中で、日没まで食べたり飲んだりできないからです。
サクラ：そうなんですか。
タカシ：わかりました。
サーエディーさん：一週間後にラマザーン月が終わると思います。その時、一緒に昼食を食べましょう。
タカシとサクラ：はい、そうしましょう。

練習問題1　（解答例）
من باید برای دخترم این نامه را به آن شهر ببرم.
私は私の娘のためにこの手紙をその町まで持って行かなければいけません。

第16課　可能性、推量（非確信）

イスファハーン、世界の半分

　イスファハーンはイランの歴史的な町の一つで、外国人旅行者の多くはこの歴史的な町を見学します。この町はイランの中央に位置し、テヘランの前には数百年間イランの首都でした。イスファハーンにはモスクがたくさんあります。イスファハーンの最も有名なモスクの一つにシェイフ・ロトフォッラーモスクがあります。イマーム広場はイスファハーンで最も見るべき場所の一つです。イマーム広場の周辺はイスファハーンのバーザールです。このバーザールには多くの店があります。これらの店では、じゅうたん、キリム、エナメル（ホーロー）細工、象眼細工、金属工芸といった手工業品が売られています。エナメル（ホーロー）細工、象眼細工、金属工芸は、イスファハーンに特有で独自の芸術です。
　今年、サクラとタカシとプーネはイスファハーンに行きたいです。おそらく、サクラのアメリカ人の友人のメアリーも彼らと一緒にイスファハーンへ行きます。メアリーもイスファハーンを見たいです。メアリーはイランにルーツのあるアメリカ人です。メアリーの父親がイラン人で、母親がアメリカ人です。彼女は、先月、日本に来て、まだ上手に日本語が話せません。しかし、ペルシア語は上手に話します。

電話

サクラ：もしもし、こんにちは。

メアリー：こんにちは。
サクラ：ご機嫌いかが、メアリー？
メアリー：ありがとう、良いよ。ご機嫌いかが？
サクラ：ありがとう、私も良いよ。私たちは夏にイスファハーンへ旅行するの。
メアリー：本当？　私もイスファハーンに行きたい。
サクラ：いいね！　私たちは最初にイスファハーンへ行くの。その後、シーラーズとヤズドを旅行するの。
メアリー：そうよ、ヤズドもシーラーズもイランの美しい町よ。
サクラ：たぶん、カーシャーンにも行くのよ。サーエディー先生の町。
メアリー：いいね。私も行くね。カーシャーンで薔薇水を買いたいな。

練習問題1　（解答例）

آنها شاید تا ساعت ۹ به دانشگاه بیایند.

彼らはきっと9時までに大学に来るでしょう。

第17課　現在進行形

ノウルーズ（イラン暦正月）の祝い

　今日は、ファルヴァルディーン月1日で、（西暦の）3月21日に当たり、イランの新年の始まりです。この日をノウルーズと呼びます。毎年、ファルヴァルディーン月の最初にイランの新年が始まります。ノウルーズの祝いはイランの最も重要なお祝いの一つで、イラン人の皆がこれを祝います。イラン人たちはノウルーズを家族や親戚や友人たちと祝います。彼らは、親戚や友人たちの家に年始回りに行き、新年のお祝いを伝えます。

　プーネは、今年は日本にいて、家族とは離れています。彼女は父親と母親に電話をし、新年のお祝いを伝えました。彼らもプーネに新年の祝いを伝え、プーネのために平安と成功を願いました。

　プーネと彼女の日本人や外国人の友人たちは集まって、日本でノウルーズを祝いました。プーネは友人たちにサブズィーポロウ・バー・マーヒーとホレシュテ・フェセンジャーンを作りました。サクラとタケシはとても喜びました。彼らはイラン料理を食べ、初めてノウルーズを経験しました。プーネのイラン料理はとても美味しかったです。

今日はノウルーズのお祝いです

サクラ：もしもし。
タカシ：もしもし、こんにちは。
サクラ：こんにちは、ご機嫌いかが？
タカシ：良いです。ありがとう。
サクラ：今、何してるの？
タカシ：テレビを見ているよ。君はどうしているの？
サクラ：私はノウルーズのお祝いに行くところなの。行かないの？
タカシ：いや！　行くさ。
サクラ：じゃあ、花屋さんの前で待ってるね。
タカシ：ありがとう。すぐに行くよ。
　　　　　　　＊＊＊
サクラ：花束を1つプーネに買おうよ。
タカシ：それはとても良い。買おう。
サクラ：薔薇の花が良いかな？　どう？
タカシ：うん、とてもきれいだ。
サクラ：じゃあ、この薔薇の花を買おうよ。
タカシ：とてもかわいいと思うよ。買おう。

練習問題1　（解答例）

الان، دارم با پدربزرگم با تلفن صحبت می‌کنم.

今、私は私の祖父と電話で話をしているところです。

じゅうたん織りはイラン独自の芸術

　じゅうたん織りはイラン独自の芸術で、じゅうたんはイランで最も重要な手工業品の一つです。昔は、じゅうたん織りは、本来、イラン人女性の仕事でした。しかし、現在では男性もじゅうたん織りをします。イラン人は誰でも家にじゅうたんを持っています。したがって、じゅうたんはイラン文化の一部です。彼らは家に入る際、靴を脱ぎます。じゅうたんは、普通、羊毛あるいは絹からできています。絹の手織りじゅうたんはとても価値があり、高価です。テヘランにはじゅうたん博物館があります。イランの高価な手織りじゅうたんがじゅうたん博物館で展示されています。

　じゅうたんを織るのは、通常、1年以上かかります。1枚のじゅうたんを織るのに何人かで協力します。今年、サーエディーさんの妻のレイハーネさんは、1枚のじゅうたんを織り始めました。彼女はじゅうたん織りを子供の頃に彼女の母親から習いました。その後、今まで何枚かのじゅうたんを織り、他の人にも教えてきました。彼女は日本に滞在する間に1枚のじゅうたんを織りたいです。

生け花とは何ですか？

プーネ：レイハーネさん、生け花とは何ですか？
レイハーネさん：生け花は日本のフラワーデザインのことですよ。
プーネ：イランのフラワーデザインと何が違うのですか？
レイハーネさん：生け花は芸術です。花を美しく飾る芸術です。
プーネ：面白そう！　いつから習っているのですか？
レイハーネさん：4ヶ月前にはじめました。
プーネ：いいですね。私も生け花を習いたいです。
レイハーネさん：私たちの教室に来られるよ。
プーネ：それは素敵。迷惑かけますね（よろしくお願いいたします）。
レイハーネさん：どうぞ、迷惑だなんてとんでもありません！
プーネ：ありがとうございます。

練習問題1　（解答例）

امروز هنوز تکلیف را تمام نکرده‌ام.
今日はまだ宿題を終えていません。

第19課　未完了過去形

テヘラン、イランの首都

　テヘランはイランの首都で、人口は1200万人です。テヘランの北側はアルボルズ山脈があります。テヘランは、冬は寒く、夏は暑いです。テヘランのミーラードタワーは、高さ435メートルで、イランで最も高いタワーです。サーダーバード宮殿、ゴレスターン宮殿、アーザーディータワー、タビーヤト橋は、その他にテヘランで見るべき場所です。

　去年、サーエディーさんの家族はテヘランに住んでいました。サーエディーさんはテヘランの大学で教えていて、レイハーネさんは花屋で働いていました。夏休みには彼らは旅行へ行ったものでした。彼らの息子のシャフラームは小学校へ、娘のバーラーンは幼稚園に行っていました。彼らには多くの友人がいて、週末には、友人たちの家に行ったり、友人たちが彼らの家に来たりしました。彼らは一緒に映画を見たり、食事を作って食べたりしていました。

　サーエディーさんは毎月一回子どもたちを遊園地へ連れて行き、一緒に遊んで、アイスクリームを買ってあげたものでした。同様に、時々、彼らを山へ連れていき、自然を見て楽しんだものでした。

私たちはテヘランに住んでいました

タカシ：すいません、質問してもいいですか？
サーエディーさん：どうぞ、おっしゃってください。
タカシ：あなたたちはイランでどの町に住んでいたのですか？
サーエディーさん：私たちはテヘランに住んでいました。
タカシ：テヘランでは何をしていたのですか？
サーエディーさん：私はテヘランの大学で外国人たちにペルシア語を教えていました。
タカシ：興味深いです！　日本人の学生はいましたか？

サーエディーさん：はい、一人の日本人の女性が私の学生にいました。彼女は在テヘラン日本国大使館で働いていました。

タカシ：私もテヘランで勉強したいです。

サーエディーさん：良い考えです。きっと、成功されますように。

タカシ：ありがとうございます。

練習問題1　（解答例）

در شب‌های تابستان گاهی در پارک گردش می‌کردیم.

夏の夜には、時々、公園を散歩したものでした。

練習問題2　（解答例）

داشتم در خانه با گربه بازی می‌کردم.

家の中で猫と遊んでいたところでした。

第20課　未来形

イランへの旅行

　今年の夏、ペルシア語（専攻）の学生たちは初めてイランへ旅行するでしょう。彼らは、テヘラン、カーシャーン、イスファハーンの町を見た後で、シーラーズとヤズドに旅行するでしょう。テヘランで学生たちは、じゅうたん博物館、古代イラン博物館を見学するでしょう。さらに、サーダーバード宮殿、ゴレスターン宮殿にも行くでしょう。サーエディーさんは夏休みにはイランに戻っている（ので）、学生たちはテヘランで彼らの先生に会いたいです。
　カーシャーンの町はテヘランとイスファハーンの間にあります。この町の伝統的な建築物はとても美しいです。薔薇水はカーシャーンの最も良いお土産です。カーシャーンの次に、彼らはイスファハーンに行って、2週間、大学でペルシア語を勉強するでしょう。イスファハーンでは、イマーム広場、三十三大橋、メナーレ・ジョンバーンを見物することになっています。大学での勉強の後、学生たちはシーラーズへ旅行するでしょう。彼らは、エラム庭園、ヴァキール市場、キャリーム・ハーン城塞といったシーラーズの美しい場所を見たいです。イランの偉大な詩人、サアディーとハーフェズの廟もこの町にあります。学生たちは、これまでイランについて多く勉強したり、聞いたりしてきました。彼らは、イランを間近に見て、イラン人たちとペルシア語で話しをして、イラン文化を知りたいです。

もしもし、サーエディー先生？

タカシ：もしもし。

サーエディー：もしもしどうぞ。

タカシ：もしもし。サーエディー先生？

サーエディー：はい、私です。どうぞ、あなたは？

タカシ：私はマツイ・タカシです。ペルシア語の2年生の学生です。

サーエディー：はいはい、ご機嫌いかがですか、マツイさん？

タカシ：ありがとうございます、良いです。あなたはどうですか？

サーエディー：良いです、おかげさまで。

タカシ：神に感謝を。あなたにお会いしたいです。

サーエディー：（私も）同じです。イランに来るのを待っています。いつ到着しますか？

タカシ：来週、金曜日、朝10時にテヘラン空港に着くでしょう。

サーエディー：気を付けて。あなたからの連絡を待っています。

タカシ：電話させていただきます。

サーエディー：お会いするのを楽しみにしています。気を付けてください。

タカシ：さようなら。

サーエディー：さようなら。

練習問題1　（解答例）

سال آینده در تهران زندگی خواهم کرد.

来年、私はテヘランに住んでいるでしょう。

イラン映画

　イランの人々は映画にとても興味があります。テヘランでは多くの映画館があり、映画を見に行くのは若者たちの娯楽の一つです。イラン映画はイラン国外でもよく知られています。キアロスタミ、ファルハーディー、マジディーは外国で最も有名なイラン人映画監督です。イラン映画のいくつかが国際映画祭で受賞しました。

　今日、タカシとサクラとプーネはイラン映画を見に映画館へ行きます。初めてのイラン映画を楽しみにしています。映画のタイトルは、「ナーデルのスィーミーンとの別離」（邦訳タイトルは「別離」）です。この映画はアスガル・ファルハードが作成しました。「ナーデルのスィーミーンとの別離」は、スィーミーンとナーデルという夫婦の物語です。

　サクラは、アメリカ人の友人のメアリーにも来るように言いました。しかし、メアリーは「今日は友人と京都に行くので、一緒に映画にはいけない。」と言いました。

映画館への道中

プーネ：私は今日の映画を一度見たことがあるよ！　とても面白いよ。
サクラ：本当？　私はまだイラン映画を見たことがないの。
タカシ：僕は、以前、イラン映画を見たことがあるよ。そのタイトルは「友だちのうちはどこ？」だった。
プーネ：私もその映画を見たことがあるよ。監督はキアロスタミよ。
タカシ：そうだね。
サクラ：キアロスタミの名前は聞いたことがある。でも、残念ながら、まだその映画は見ていないの。
プーネ：見ることを勧めるよ。
サクラ：きっと見るよ。「友だちのうちはどこ？」はどうだった？
プーネ：とても気に入ったよ。あなたも気に入ると思うよ。
タカシ：僕もそう思うよ。
プーネ：楽しみね。
タカシ：ところで、メアリーはどうして来ないの？
サクラ：メアリーは、友達と京都へ行くと言っていたわ。
タカシ：そうなの。残念だね。

練習問題1　（解答例）
①今日は遅く帰宅すると私は母親に言いました。
②アフマドは、彼の父親が彼をとても好きであることを知っています。
③今年、君がイランに行くと私は聞きました！　本当ですか？
④ペルシア語は英語より簡単だと思います。
⑤私は今年のノウルーズに家に帰ると私の家族に手紙を書きます。

第22課　従属接続詞2

イランへの1ヶ月旅行

　イランの人口は8000万人以上で、ペルシア語がイランの公用語です。しかし、ペルシア人の他に、トルコ人、クルド人、ロル人、トルクメン人、バルーチ人、アラブ人などがイランに住んでいます。

　今年、10人の学生がペルシア語を勉強しにイランへ行きました。タカシとサクラも初めてイランへ行き、大学で、1ヶ月間、ペルシア語を勉強しました。学生たちは授業が終わってから、イラン国内を旅行しました。イスファハーンの他、テヘラン、ヤズド、シーラーズ、カーシャーンを旅行し、町の建築物の見物、人々との会話、写真撮影をして楽しみました。人々とペルシア語で話すことができたので、彼らは楽しかったです。イラン旅行中の学生たちは、これらの町では人々は皆、ペルシア語を話しているが、彼らの方言は異なることがわかりました。

　残念ながら、彼らにはあまり多く時間がなく、イランの他の町には行けませんでした。もし、彼らがもっとイランに滞在したとしたら、タブリーズやマシュハドといった別の町にも行ったことでしょう。学生たちはこの旅行により家族や友人たちのためにイランからお土産をもって帰りました。タカシは、来年もう一度イランに行ったら、きっとこれらの町も旅行することに決めました。

切符の購入

タカシ：こんにちは。
切符販売員：こんにちは、どうぞ！

タカシ：テヘラン、シーラーズ間の切符がほしいです。
切符販売員：いつのものが要りますか？
タカシ：金曜日です。
切符販売員：何人ですか？
タカシ：10人です。
切符販売員：何時のものが要りますか？
タカシ：もし、昼のものなら、より良いです。
切符販売員：残念ながら、金曜日の昼の列車は空席がありません。しかし、夜の列車にはまだ空席があります。幸運なことに、夜10時の列車なら空席があります。
タカシ：他の人たちと相談しないといけません。
＊＊＊
タカシ：問題ありません。夜の列車で行きます。
切符販売員：どうぞ、10人分のモルダード月10日、金曜日のテヘラン、シーラーズ間の列車の切符です。
タカシ：ありがとう！　いくらですか？
切符販売員：（お支払いいただくようなことに）値しません。
タカシ：ありがとう。
切符販売員：100万トマーンになります。
タカシ：どうぞ。

練習問題1　（解答例）
اگر فردا شما به مدرسه بروید، من هم بیایم.
もし、明日あなたが学校へいくなら、私も行きましょう。

練習問題2　（解答例）
من گاهی به آن رستوران می‌روم، چون هم خوشمزه و هم ساکت است.
私は、時々、そのレストランへ行きます。なぜなら、美味しいし、静かだからです。

練習問題3　（解答例）
وقتی که من آنجا رسیدم، او هنوز نیامده بود.
私がそこに到着したとき、彼（彼女）はまだ来ていませんでした。

練習問題4　（解答例）
با این که هوا خیلی سرد بود، من به پارک رفتم.
とても寒かったですが、私は公園へ行きました。

第23課　関係詞の که

イランのペルシア語教育
　ペルシア語はインド・ヨーロッパ語族の言語の一つです。イラン以外に、アフガニスタンとタジキスタンでもペルシア語が話されています。アフガニスタンではダリー語、タジキスタンのペルシア語はタジク語と呼ばれます。ペルシア語のアルファベットは32文字あり、アラビア語と同様に右から左へ書きます。ペルシア語の文語は口語とは少し異なります。
　ペルシア語を学ぶ学生たちは、2年次にイランへ行き、1ヶ月ペルシア語を勉強します。昨年、10人の学生がイランの大学へ行き、1ヶ月間、その大学でペルシア語を学びました。ペルシア語を教えた先生の名前はパーヤンデさんでした。パーヤンデさんは日本人の学生に日本のことを尋ねました。（パーヤンデさんは、）日本の人々がイランについて何を知っているのかを知りたいのでした。
　他の何人かの学生たちはもっとイランでペルシア語を勉強したいので、ペルシア語の語学学校へ行きます。他の国々の学生たちもペルシア語を勉強しにイランへ行きます。イランへペルシア語を勉強しに行く学生たちは、口語が文語と異なることがわかり、とても驚きます。

ペルシア語の語学学校で
タカシ：こんにちは。
事務長：こんにちは。どうぞ。
タカシ：私はマツイ・タカシで、日本から来ました。

事務長：はい、ようこそ。

タカシ：感謝します。

事務長：何年間ペルシア語を学びましたか？

タカシ：2年間です。

事務長：すばらしい。2年間しかペルシア語を勉強していないのに、上手にペルシア語を話しますね。

タカシ：感謝します。まだ、あまりよくわかっていません。ところで、私たちの授業はいつから始まりますか？

事務長：あなた方の授業は来週の日曜日から始まります。

タカシ：私はどのクラスになりますか？

事務長：最初にテストをします。土曜日がテストの日です。

タカシ：何時ですか？

事務長：朝10時です。

タカシ：どうもありがとうございます！　では、土曜日に、さようなら。

事務長：どうも。さようなら。お気をつけて。

タカシ：ありがとうございます。

練習問題1　（解答例）

هندوانهای را که دیشب خریدیم باهم بخوریم.

昨晩、私たちが買ったスイカを一緒に食べましょう。

第24課　受動態

アルダビール、気候の良い町

　アルダビールはイラン北西部の町の一つで、アルダビール州の中心にあります。この町の冬の気候はとても寒く、夏は温和です。冬にはダルダビールにたくさんの雪が降ります。アルダビール州はアゼルバイジャン地域の州の一つです。アゼルバイジャンの人々はアゼルバイジャンの言語で話します。イランではこの言語はアーザリー語と呼ばれます。アーザリー語はトルコ（イスタンブール）のトルコ語と近いですが、ペルシア語からも多くの影響を受けています。

　アルダビール市の近くのサバラーン山はイランで3番目に高い山です。この山は高さが4,811メートルで、アルダビール市からも見えます。その山頂には小さな湖があります。毎年、多くの登山家がこの美しい山に登ります。サバラーンの麓にはサレイーン温泉があります。多くの人々がこの温泉を訪れます。

　他の町では暑い気候である夏、サバラーンの麓は涼しいです。このため、アルダビールの諸部族は自分の家畜を放牧のためにサバラーン山の麓に連れてきて、テントを張ります。サバラーン山麓は夏には、羊や山羊だけでなくラクダさえもたくさんいます。アルダビールの人々の職業は農業と牧畜業です。また、諸部族の女性の多くはじゅうたん織りやキリム織りに従事し、きれいなじゅうたんやキリムを織ります。

　アルダビールのお土産は、はちみつと黒いハルヴァーで、アルダビールの市場にも売っています。地域のミルク、チーズ、ヨーグルト、バターといったアルダビールの乳製品はとても美味しいです。アルダビールのヨーグルト飲料のスープも観光客の間で有名です。もし、いつかアルダビールを旅するなら、必ずヨーグルト飲料のスープを食べてください。

アルダビールへの旅

タカシ：こんにちは。旅行から帰ってきたよ。

モハンマド：こんにちは、タカシ。よかった？

タカシ：はい、ひさしぶりだね。

モハンマド：どこに行っていたの？

タカシ：アルダビール州に行っていたよ。

モハンマド：良いところだね。

タカシ：はい、とても良いところだった。初めてアルダビールへ行ったよ。

モハンマド：サバラーンにも行った？

タカシ：はい、温泉にも行ったよ。イランにも温泉があって驚いたよ。

モハンマド：アルダビールの乳製品もとても有名だね。

タカシ：はい、はちみつをつけたヨーグルトやバターは本当においしいね。

モハンマド：ところで、お土産はないの？

タカシ：どうぞ、アルダビールの黒いハルヴァーだよ。

モハンマド：え！　どうもありがとう。面倒かけたね。冗談で言っただけのに。

タカシ：いえいえ。少なくてごめんね。
モハンマド：どうもありがとう。

練習問題1　　（解答例）

چون امشب برف می‌آید، شاید آن رستوران هم زود بسته بشود.
今夜は雪が降るので、そのレストランもきっと早く閉店するでしょう。

Osaka University Press